復刻 通俗講義 登極令大要

賀茂百樹 著

監修の辞

國學院大學人間開発学部健康体育学科　教授　藤田　大誠

本書は、大正の初めに刊行された賀茂百樹（かも・ももき）著『通俗講義登極令大要』の復刻版である。但し、復刻に当たっては、原本の体裁を出来る限り模して新たに版を起こし、常用漢字表に基づく表記を使用して原本には無かった新たなルビや脚註を加へ、さらには「復刻版附録」や解題を掲載するなど、読者の便に供すべく聊かの工夫を施してゐる。

本書を企画立案し、その編輯作業の殆どに携はれたのは神社新報社の大中陽輔調査室長であり、刊行にまで何とか漕ぎ着けられたのは、全く以て同氏の多大な御尽力の賜物である。その上、本書が成るまでには、本書の原本（再版本）を御貸与いただいた阪本是丸國學院大學神道文化学部教授（『神社新報』論説主幹）をはじめ、解題を執筆した河村忠伸秋葉山本宮秋葉神社禰宜、神社本庁や國學院大學の関係者など、多くの方々から御協力を賜った。ここに満腔の謝意を表したい。

さて、私が監修を依頼されたのは、十年以上も前に、本書の著者である賀茂百樹の伝記的検討をはじめ、その靖國神社宮司時代における活動や論考についての考察をも含む拙稿「国家神道と靖國神社に関する一考察―神社行政統一の挫折と賀茂百樹の言説をめぐつて―」（『國學院大學研究開発推進センター研究紀要』第一号、平成十九年）を執筆してゐたことによるものと思はれるが、固より浅学菲才の身、到底監修の任など十分に務まる訳も無く、ほんの少し助言をさせてもらったに過ぎない。つまり、本書の編輯には殆ど役に立たなかったのであるが、久方ぶりに本書の原本を読み返し、また、著者の賀茂百樹の所論を読み直してゐるうちに、逆に私自身の方が大きな刺戟を受け、多くのことを考へさせられることとなった。

本書の意義や賀茂百樹の経歴については、河村忠伸氏の解題に譲りたい。ただ、ここでは『通俗講義登極令大要』を著した別格官幣社靖國神社宮司・賀茂百樹といふ人物が、その生前において社会的にどのやうな交友を持ち、如何なる評価を受けてゐたのかについて窺ふための好個の資料として、彼の還暦祝ひのために編まれた冊子『春祝』（昭和四年一月二十五日発行）を挙げておきたい。高山昇（稲荷神社宮司）・桑原芳樹（皇典講究所専務理事）・谷田文衛（陸軍中将）・横山正恭（海軍少将）・櫟本憲昌（氣比神宮宮司）・吉村清享（津島神社宮司、編輯・発行を担当）が中心になって企画・編纂されたこの「賀茂百樹大人還暦祝詞集」を繙くと、全国各地の神道人や学者、軍人、歌人を中心とする錚々たる面々が（男女問はず）、和歌（五百五首）、漢詩（二十四篇）、俳句（五十三句）、書画文章の類（三十七葉）の計六百十九点を寄せて彼の還暦を祝福してゐたことが知られる（同書には賀茂自身が草した「略歴」も収録されてゐる）。ここには吉村清享が末尾の文で記した如き「斯道の先覚」としての賀茂百樹、すなはち神道・国学の大家としての彼の確固たる存在感が見て取れよう。

賀茂百樹は明治四十二年三月二十九日、神宮奉斎会広島本部長から転じて別格官幣社靖國神社宮司に就任する。つまり、『通俗講義登極令大要』の巻頭言（大正元年九月二十三日の日付）に「この書は、去し明治四十二年三月二十日広島県開催の斯民会において講演せんとして、草案せしものなり」と記されてゐるやうに、「登極令」（明治四十二年二月十一日、皇室令第一号）が公布されて間もない時期、しかも東京赴任の直前に起草してゐた講演原稿（草案）が本書の原本である。なほ、賀茂の歌集『中今亭雑歌』（中今亭、昭和十四年）に掲載された「中今亭編著目録」に拠れば、『登極令講義』一巻（明治四十四年著）なる著作名が挙げられてゐるが、これは後に『通俗講義登極令大要』に繋がるものなのだらうか。

以後、講演草案は篋底に納められたままであったが、明治から大正への御代替はりに際し、「大橋〔朗・靖國神社禰宜〕、井上〔頼教・靖國神社主典〕、内藤〔正一・府社金刀比羅宮社司〕、新海〔肇・靖國神社主典〕等の諸子」（亀甲括弧〔〕内藤田註、以下も同様）に「一小冊子と為して、広く世間に頒たんこと」を乞はれたため、悩んだが結局は「寧、当年草案のまゝこそよけれと、掌典宮地〔嚴夫〕大人に囑して、懇篤なる閲読を煩はして、出版に附すること」としたのである。

それ故、現在から見れば稀覯本であることは否めないものの、本書の原本が、皇位継承に関はる践祚式、改元、即位礼、大嘗祭について規定された「登極令」の逐条説明（註釈）に関しての最も早い先駆的な刊行書籍であったことは疑ひない。因みに「登極令」の逐条註釈については、その数は少ないが多田好問『登極令義解』（「大正三年癸丑紀元節」の識語、宮内庁書陵部図書寮文庫所蔵）や上杉愼吉「登極令謹解」（『法学協会雑誌』第二十三巻第十一号、大正四年十一月、同『国体憲法及憲政』有斐閣書房、大正五年）が知られてゐる。特に前者は「登極令」の立案・起草に直接関与した多田好問によって条文・附式全体に亙る詳細な註釈が施されてゐて興味深いが、自筆草稿のため刊行はされてゐない（所功「多田好問『登極令義解』草稿の紹介」皇學館大學神道研究所編『續大嘗祭の研究』皇學館大學出版部、平成元年にて全文翻刻）。

賀茂自身は、「迂遠かつ粗笨の記述」或いは「本書は一時の筆のすさびに成れる通俗的一場の講演案にして、世の学者たちに資せんとするものに有らざれば、附図の如きも、成るべく簡略に従へり。そは旨とする所、御令の大要を敷衍して未だ知らざるものをして、此の国家樹立の大本を知らしめ、此の卓越せる国体の尊厳を、欽仰せしめんとする微意なればなり」などと謙遜の語を書き連ねてゐる。しかし、本書を貫いてゐるのは、古典や歴史書における記述や法令を典拠として引き、有職故実の知識を縦横無尽に駆使して逐条説明（実質的には附式の内容も組み込み註釈）するといふ、如何にも神道・国学の碩学らしい文献実証的態度であり、伝統的古制と明治以降の新制の両面に目配りした適切な説明となってゐる。

また、賀茂は「登極令」の大要を述べる中で、自身の「国体」観をも随所に垣間見せてゐる。例へば、第十七条「即位ノ礼及大嘗祭訖リテ東京ノ宮城ニ還幸シタルトキハ天皇皇后ト共ニ皇霊殿神殿ニ謁ス」の註釈においては、「この御令を拝見するに、神祇の祭典に始りて、神祇の祭典に終る、敬神尊祖を以て、建国の大本とする我国体の懿美、見つべきなり」と述べてをり、さらに第十八条の註釈では、「国体を擁護するは、国民の義務にして、国体に適応するものは存し、国体に背反するものは亡ぶは、当然のことなればなり、豈、独、祭政のみ一致ならむや、」と記してゐる。

管見では、この『通俗講義登極令大要』は、奥付に「大正元年十月十日発行」、発行者・大橋朗、印刷所・陸軍省構内小林出張所（印刷者・小林又七）とある「初版本」（九九頁、❶）と、本書復刻版において底本とした「大正二年三月十五日再版」、発行者・大橋朗、印刷者・佐伯外美雄、印刷所・八洲舎、発行所・會通社となってゐる「再版本」（九五頁、❷）の二種類を確認してゐる（いづれも定価二十五銭だが、組版を異にしてをり、多少の加除修正がなされてゐる）。

細かな点はともかく、特に初版本❶時点では、「登極令」第十八条「諒闇中ハ即位ノ礼及大嘗祭ヲ行ハス」の註釈中、「国喪」に関する詳しい歴史的説明がなされてゐたが、再版本ではそれが丸々削除されてゐる。また、初版本❶では、同条註釈の最末尾に「而して、天皇の登極は、国家発動の根原にして、其の大儀は、国家精神の大本なれば、大に本令を敷衍して、之を一般国民に知らしめさるべからず、これ謭学を顧みず、疎雑なる草案を以て、この講壇に登りし所以なり、」といふ一文があったが、再版本❷では削除されてゐる。一方、再版本❷では冒頭部分において、三点に亙る「天皇登極に於ける重大の要件」（践祚・即位・大嘗祭の三大要件）とその起因としての「皇祖天照大神の垂れ給ひし三大神勅」（同床共殿の神勅・天壌無窮の神勅・斎庭之穂の神勅）に関する記述を大幅に加筆し、さらには第四条の註釈部分の中で、「即位の儀式」の歴史的展開についてより具体的な典拠を挙げて詳述するため、記述をかなり増やして修正してゐる。

なほ、所功氏は、『通俗講義登極令大要』を二度翻刻してゐる（「賀茂百樹講義『登極令大要』の紹介」『京都産業大学世界問題研究所紀要』第九巻、平成元年、『近代大礼関係の基本史料集成』国書刊行会、平成三十年、第七章「賀茂百樹講義の『登極令大要』」）。後者の翻刻については二種類の活版冊子を対校してをり、その校異の内容は私のいふ初版本❶と再版本❷との関係にほぼ対応してゐるやうに思はれるが、所氏が検討された二種の冊子は発行日が両方とも「大正元年十月十日」で総頁も同様だとされてをり、修正の流れについても逆の❷→❶の方向性で捉へられてゐる（初版本と再版本の二種であれば分かり易いが、もし初版段階ですでに二種存在してゐたのであれば、先後関係の確認はやや難しくならう）。
ともあれ、『通俗講義登極令大要』の再版刊行後も賀茂は、「登極」に関連する講話（講演）や論考の発表をしてゐる。例へば、「登極」の概説を試みた「登極ノ御事ニ就テ」（『偕行社記事』第四百六十四号附録、大正二年八月五日）には、「本篇ハ本社ニ於テ賀茂靖國神社宮司ノ講話セラレタルモノナリ」と記されてゐる。

また、「大嘗に預る神祇」（『全国神職会会報』第二百号（大礼号）、大正四年六月二十五日）では、「尊厳無上の御典儀」である践祚・即位よりも「更にく最も吾々の直接生活上に深甚なる交渉あるを感ずるものは、実に御即位の礼後に於て引続き行はせらる大嘗祭である」と指摘した上で、「大嘗祭は　陛下御一代に只一度、御代始めの新穀を以て、京都に御新設の大嘗宮に於て御自身大神主とならせられ、いとく御叮重に皇祖天照大神と天神地祇とに新穀の神酒神饌を御請饗あらせられ、御親らも御直会として聞食され、臣下にも御頒賜相成る処の重き御祭典で、其の御調度御順序等は実に畏こいことばかりである」といふ「大嘗祭の御精神」を明快に述べてゐる。かかる賀茂の大嘗祭理解へと導かれる具体的な論拠は次の通りであった。すなはち、宮中三殿の「神殿」に祀られてゐる「天神地祇」に含まれる神々は、「二千年乃至三千年過去の遠い世の神々」のみならず、「吾々の先祖」や親族をはじめ「現に嘗ては現身を以て此世に在りし頃、吾々と共に言葉を交はし顔を合はせた方々」、そして「実は此等神々の中には、吾が靖國神社の御祭神もまします」のであり、それ故「大嘗祭当夜に於ては、畏くも尊貴無上の　皇祖天照皇大神と御同列にて、至尊御手づからの御饗応に接し給ふのである。御祭神の遺族は素より、帝国の臣民たるもの、此一事を拝承して感泣せざるものがあらうか」といふのである。ここには、昭和戦前期には明確に打ち出されてくる靖國神社宮司としての賀茂百樹の「英霊」（靖國神社祭神）観――「個別具体的な親しい人霊」であると同時に「総合的な国家・国民の神霊」でもある――の萌芽が現れてゐるのであり（『靖國神社祭神祭日暦略』靖國神社社務所、昭和七年、『靖國神社忠魂史』第一巻、靖國神社社務所、昭和十年）、近代日本にて紡がれてきた靖國神社教学と「国民」的要素がより強調された近代的大嘗祭認識とを有機的に結合させた統合的理解が見られるといへよう。

昭和大礼（即位礼・大嘗祭）の半年ほど前にも、賀茂百樹の講話記録「登極ノ精神」（『将官談話会月報』第百十二、百十三号、昭和三年五月一日、六月一日）が二回に分けて活字化されてゐる。ここでは大正期に『通俗講義登極令大要』で触れられてゐた三大神勅を軸に論じられ、「天皇登極ノ御儀ハ天津日嗣知看做サムトシテ日ノ御子ノ天津高御座ニ登リ給フ御儀デ、是ニ由テ国家ノ性命ヲ継続シ是ニ由テ国家ノ中心ヲ明晰ニスル所以ノモノ」や「登極ノ精神ハ神漏伎神漏美神ノ御言ヲ生命トシテノ皇祖ノ御徳ヲ御実行遊サルル所ニ存在スルト申スノデアリマス」の如き特徴的な言辞も見られるのである。

本来簡潔に纏めるべき監修の辞にも拘らず、要らぬことを長々と書き連ねてしまった。私としては、極めて豊穣な内容を持つ本書（賀茂百樹著『通俗講義登極令大要』復刻版）をひとたび手に取れば、私如き者でも実に様々な連想が次から次へと脳裡に思ひ浮かんで来る、ましてや向学心溢れる読者の皆さんなら、といふことを伝へたかったまでである。

来年の御代替はりに向けての参考文献として本書を広く活用していただきたいのは勿論、賀茂百樹といふ近代の重要な神道人・国学者による「登極令」の良質な解説とその「登極」理解を通して、本書が、各人にとって皇位継承儀礼と「国民」との密接不離な関係について考へ、末永く問題意識を持ち続けていただくための縁ともなればとも念じつつ、擱筆する。

平成三十年十一月三十日

凡　例

一、本書は賀茂百樹著『通俗講義登極令大要』を復刻したものである。同書には大正元年に陸軍省構内・小林出張所で印刷された版があるが、本書では大正二年の発行所を会通社とする再版（國學院大學阪本是丸教授所蔵本）を基とした。

一、原本で使用されてゐる漢字のうち、常用漢字については原則として常用漢字表にある書体に改めてゐる。

一、「こと」の合字などは仮名二文字に分けた。

一、本文中、片仮名の振り仮名は原本のもので、字音仮名遣ひはそのままとした。平仮名の振り仮名は今回加へたもので、字音仮名遣ひは採用してゐない。

一、誤植・脱字と思はれる箇所については、大正元年の版（国立国会図書館デジタルコレクション）を踏まへて校訂した。両版を通じて漏らしてゐる本文の誤字・脱字は、脇の〔　〕書きもしくは脚註で補訂した。

一、なるべく原本の体裁に近くなるやうにしてゐるが、一頁の行数・字数等は原本とは異なる。原本は菊判だが文字の見やすさを考慮してB5判とした。

一、附図の一部は一枚摺りの折込みだったが、本書では二頁に分けてゐる。

一、脚註は今回新たに加へた（巻末に主要参考文献記載）。脚註の仮名遣ひは資料による。

一、脚註には関連する条文や難解な語句の説明などのほか、本文にある漢文の書き下し、一部の語には本文中の読みに対し別の読みを示した。

目次

この書は、去し明治四十二年三月二十日広島県開催の斯民会において講演せんとして、草案せしものなり。初め登極令《とうきょくれい》の発布せらるゝや。拝読して思《よ》へらく。登極の大典《たいてん》は、建国の大本を原《たづ》ねて行はせられ。これに由りて、国家の元首立ち、これに由りて、国家の中心定まる所以《ゆゑん》のものなれば、周《あまね》くこれを国民に知得せしむる要ありと。然れども、事、志と違ひ空《むな》しく数年を経過し、其原稿の如きも、当時一二の雑誌などには、掲載せしこと有りしも。爾後《じご》久しく筐底《きょうてい》に忘れられたりき。頃日《けいじつ》。大橋、井上、内藤、新海等の諸子《しょし》、これを見出てゝ、徒《いたづら》に紙魚《しみ》に任すを惜しみ、一小冊子と為して、広く世間に頒《わか》たんことを乞ふこと切なり。惟《おも》ふに。今や恐《おそら》くも当今《とうこん》　陛下、祚を践《ふ》ませ給ひ、将《まさ》に期年《きねん》の後に。即位の盛儀、大嘗の大礼《たいれい》をも、行はせ給《たま》はんとす。今日よりこれを見れば、迂遠《うえん》且つ粗笨《そほん》の記述たるを、免がれざれども、そも登極の御事たるや。故実を考証して詳記せんか。千頁の紙を以てするも、尽すを得ざるへく、其の要を摘みて、簡明切実なる読本的佳章を編せんか。謭才の其任に膺《あた》らざる所。況《いはん》や、大喪第二期中、未だ稿を改むる勇気なく、強《し》ひて筆を執れば、滴々《てきてき》紙面を濡すもの有るをいかにせむ。因って、寧《むしろ》、当年草案のまゝこそよけれと、掌典宮地大人に嘱して、懇篤なる閲読を煩はして、出版に附することゝせり。もとより、本書は一時の筆のすさびに成れる通俗的一場の講演案にして、世の学者たちに資せんとするものに有らざれば、附図の如きも、成るべく簡略に従へり。そは旨とする所、御令の大要《たいよう》を敷衍《ふえん》して未だ知らざるものをして、此の国家樹立の大本を知らしめ、此の卓越せる国体の尊厳を、欽仰《きんざよう》せしめんとする微意《びい》なればなり。これによりて、啓発して、益するもの有らば。独予《ひとりよ》の本懐たるのみならず、諸子の如きも亦《また》満足すべし。少《いささ》か其由《そのよし》を記して、緒言となす。

大正元年九月二十三日

賀茂百樹

登極令大要

賀茂百樹

登極令《とうきょくれい》は天皇の宸極《しんきょく》に登らせらるゝ御手続御儀式等を規定せられたる御令なること申すまでもなし、謹《つつしん》で本令を拝読するに其旨《そのむね》とする所、践祚《せんそ》式、即位式大嘗祭《だいじょうさい》の三なり、践祚の式と即位の礼とはもと同一事にして、時間の関係上、二つに分れたるまでのことなるのみ、能《よ》くこれを思へば践祚式に於ける賢所の御祭典及剣璽渡御《けんじとぎょ》の儀▽1と即位の礼に於ける神器を京都に奉じて▽2行はせらるゝ賢所大前の儀とは其趣一にして、践祚式に於ける朝見《ちょうけん》の儀と即位式に於ける紫宸殿《ししんでん》の儀とも亦《また》其旨二ならず、斯《か》くこれを見る時は天皇登極に於ける重大の要件は左の三なることを知るべし

一　祖宗の神器を承け給ふ

二　天津日嗣《あまつひつぎ》を継承し給ふことを宣り給ひ宝祚無窮《ほうそむきゅう》の寿詞《よごと》を受け給ふ

三　大嘗祭を行ひ斎庭《ゆには》の御饌《みけ》を聞食《きこしめ》し給ふ

以上の三に外ならず、而《しか》してこの三の因て起る本源はわが国家肇造《ちょうぞう》の際に於ける皇祖天照大神《こうそあまてらすおほみかみ》の垂《た》れ給ひし三大神勅《しんちょく》に起因するなり、其神勅に曰《いは》く

▽**剣璽渡御の儀**　平成の践祚の式においては「剣璽等承継の儀」と名称が変更された。また「践祚後朝見の儀」も「即位後朝見の儀」へ、「勅語」が「おことば」へと変更されてゐる。

▽**神器を京都に奉じ**　第十一条（四四頁）、京都へ行幸ノ儀（八五頁）、賢所春興殿ニ渡御ノ儀（八六頁）

登極令は神武登極の日則紀元節の嘉節を以て発せらる

一　吾児、視二此宝鏡一当レ猶レ視レ吾、可下同殿〔床〕共床〔殿〕、以為中斎鏡上▽1

二　豊葦原千五百秋之瑞穂国、是吾子孫可レ王之地、宜二爾皇孫就而治上焉、行矣、宝祚之隆当與天壌一無窮者矣▽2

三　以二吾高天原所レ御斎庭之穂一亦当レ御二於吾児一▽3

第一の神勅は天位の信徴▽4たる天璽の神器中神鏡の尊むべきを明示し、第二の神勅は皇統の無窮を宣言して、なほ千万世に祝福あらせられ、第三の神勅は孝敬の道を致して衣食の重すべきを教へ給ひしなり、これによりて之を見る時は上に云へる三大要件は、やがてこの三大神勅に起因すること明白なりとす、［この三大神勅によりて我国家の基礎は定り天皇の宸極に即《つ》かせ拾〔給〕ふ所以《ゆゑん》なれば本令を講ずるに当りては之を詳述せまほしけれども茲《ここ》には之《これ》を略す古事記延喜式《えんぎしき》祝詞神皇正統記《じんのうしょうとうき》所載の皇祖の神勅をも合せ見て大旨《たいし》を了《さと》るべし］歴世の天子《てんし》よく其本源を忘れ給はず、忠実なる国民亦これを奉事して天孫降臨より幾千載猶《なほよ》能く天上の儀を存し優然として皇祖の左右に奉侍するが如く儼然として今日に実現せるもの我国体の尊厳我聖徳《せいとく》の深原なる心を潛めて思はざるべからざるなり、

この御令を、肇国知看《ハツクニシロシメ》し丶神武《じんむ》天皇登極の日、即ち紀元節《きげんせつ》の嘉辰《かしん》▽5［明治四十二年二月十一日］を以て公布せられしは、最忝《かたじけな》き叡慮《えいりょ》の有らせらる丶所なるべし、殊《こと》に憲法発布の満二十年に相当する日なるは、更に深き思召《おぼしめし》のほどを拝察するに足る、制令は

▽一「吾《わ》が児《こ》、此の宝鏡を視《み》まさむこと、当に吾を視るがごとくすべし。與《とも》に床《ゆか》を同じくし殿《おほとのひとつ》を共にして、斎鏡《いはひのかがみ》とすべし」(日本古典文学大系『日本書紀』)

▽二「葦原の千五百《ちいほ》秋《あき》の瑞穂《みつほ》の国は、是《これ》、吾が子孫《うみのこ》の王《きみ》たるべき地《くに》なり。爾《いまし》皇孫《すめみま》、就《い》でまして治《しら》せ。行矣《さきくませ》。宝祚《あまのひつぎ》の隆《さか》えまさむこと、当《まさ》に天壌《あめつち》と窮《きはま》り無《な》けむ」(同)

▽三「吾が高天原《たかまのはら》に所御《きこしめ》す斎庭《ゆには》の穂《いなのほ》を以て、亦吾が児《みこ》に御《まか》せまつるべし」(同)

▽信徴　徴信（ちょうしん）まことをただすこと。又、しるし。

▽嘉辰　めでたい日。

登極

登極の字を以て践祚と即位の二つを総括せらる

令

多く儀式は数あれども、天皇登極の御ことばかり、重くして且尊きは無し［往年、憲法の御発布も、この嘉節の日を以てせられたるなり］これ全く祖宗の遺烈を揚げ、洪謨《こうぼ》▽1を弘め給はんとの、叡慮なりと拝察せられて、恐《かしこ》しとも恐し、祖先を追念し祖先の遺風を顕彰せんとするは、皇祖の遺訓にして、わが国風なれば、吾々臣民もこれに習ひて一家の重き式典は、祖先成功などの紀念日を以て行ふ如きは、誠に宜しきことなりかし

登極とは嵩崇至極の天津高御座《アマツタカミクラ》に登り賜ふことを云ふ、続紀《しょっき》▽2、元正《げんしょう》天皇御即位の詔に、履レ祚登レ極とあるをはじめて、儀式▽3また延喜式にも登極の文字は見え、持統《じとう》紀には騰極とも書けり、践祚と云ふも、即位と申すも、登極と称するも、皆天津高御位に即かせ給ふ御事なるが、後世に至りて即位の礼と、践祚の式とは、別々に行はるゝこととゝなり、且別々に行はせざるを得ざるを以て、こゝには登極の字を以て、践祚▽4の式と即位の礼との二つを総括せられ猶一世一度の大嘗祭を加へられたるものと知るべし、令とは令義解《りょうのぎげ》に教《フルニ》以二法制《ヲ》一令三其不二相違越一故《ニ》曰《フ》レ令《ト》と有り、今日にては、皇室祭祀令、摂政令、立儲《りっちょ》令、皇室成年式令、皇族会議令、公式令《こうしきれい》など多くの御令は有れども、中にも天皇登極の御事は、皇室の大典たるのみならず、実に国家の大典なれば、令中の最重き御令なりとす

皇室令第一号とある皇室令は、内閣に於ける閣令、省、県に於ける省令、県令の如く、

▽洪謨　宏謨。おほきなはかりごと。

▽続紀　続日本紀《しょくにほんぎ》。

▽儀式　貞観儀式。

▽践祚　現行の皇室典範には「践祚」の語は用ゐられてゐない。

皇室に於ける令の意なり、公式令第五条[▽1]によるに、皇室典範に基づく諸規則、宮内官制、其他皇室の事務に関する勅定《ちょくじょう》を経て発表する規程は、皇室令として上諭《じょうゆ》を附して公布せらるゝことなり、而して同条の一項に、前項の上諭には親署の後、御璽《ぎょじ》を鈐《お》[▽2]し、宮内大臣年月日を記入し、之に副署す、国務大臣の職務に関連するものは、皇室令の上諭には内閣総理大臣、又は内閣総理大臣及、主任の国務大臣と倶《とも》に之に副署す、とあり、この登極令及摂政令などの上諭には、総ての国務大臣之に副署せらる、こは国家に重大の関係あれば、大臣全体が其主任たる意を明にせるなり、第四号の成年式令には、宮内大臣のみの副署なるに比しても、此御令の重きことを知るべし、

謹で案ずるに、皇祖の神訓は、天孫降臨に際して煥発[▽3]せられ、これによりて我国体の基礎は確定したり、この故にわが国家諸般の事は、多くは皆此の時に発源せり、中にも天皇登極の御儀の如きは、殊に茲に根源せるを以て国民たるもの又我国体を知らんとするもの、この登極令を一読せざるべからず、これ不肖を顧みず、この御令の大要《たいよう》を敷衍《ふえん》する所以なり、

▽公式令第五条　皇室典範ニ基ツク諸規則、宮内官制其ノ他皇室ノ事務ニ関シ勅定ヲ経タル規程ニシテ発表ヲ要スルモノハ皇室令トシ上諭ヲ附シテ之ヲ公布ス。前項ノ上諭ニハ親署ノ後御璽ヲ鈐シ宮内大臣年月日ヲ記入シ之ニ副署ス国務大臣ノ職務ニ関連スル皇室令ノ上諭ニハ内閣総理大臣又ハ内閣総理大臣及主任ノ国務大臣ト倶ニ之ニ副署ス。皇族会議及枢密顧問又ハ其ノ一方ノ諮詢ヲ経タル皇室令ノ上諭ニハ其ノ旨ヲ記載ス

▽鈐　〈ケン〉印鑑。印を押す。

▽煥発　渙発。（「煥発は不可」『皇室の儀制と敬語』）

第一条　天皇践祚ノ時ハ即チ掌典長ヲシテ賢所ニ祭典ヲ行ハシメ且践祚ノ旨ヲ皇霊殿神殿ニ奉告セシム

践祚

践祚の二字を書紀崇神《すじん》巻に、アマツヒツギシロシメスと訓ず、天津日嗣知食すの義にて、天皇の位に即き給ふことを云ふ、［礼記《らいき》に践《ム》レ阼《ヲ》とも涖《ム》レ阼《ニ》ともかき、史記《しき》に即《ク》レ阼《ニ》とも書けり、阼とは、古、支那にては殿前に両階ありて、東階を主人の階とし、之を阼と云ひ、天子は即位の時その阼階を昇りて祭祀を行ふにより、阼階を以て天子の位となしたるなりと云ふ、字義の相通ずるより践胙とも、践祚とも書く、胙は祭肉也とも位也ともあり、我国には天祚、宝祚、践祚、登祚、即祚、重祚、再祚など、祚の字をのみ用ゐらる、祚は福也、禄也、位也、とも左伝《さでん》に祚《サイハヒス》二明徳《ニ》一などあり、字義はとにかく、御位を履み給ふことを践祚と称す］令義解に即位謂《フ》二之《ヲ》践祚《ト》一とありて、昔は即位と践祚とは文字こそ違へ、同一のことにて、更に差別は無きことなりしを、桓武《かんむ》天皇の御世《みよ》に至りて始めて践祚の後、更に日時を撰《えら》みて、即位の礼を行はれにき、然れども、此時は未だ践祚と即位との名は分たれざりしが、朱雀《すざく》天皇に至りて、先づ践祚の御事ありて後に、更に即位の大礼を挙げさせらるゝことを、定例となし給ひ、践祚と即位との名を、分たるゝに至れり、この御令は、いづれに拠らせられたり

昔は践祚と即位とは同一のことなり

践祚と即位と分れて二つとなる

崩後の登極と受禅の登極

受禅の登極やみ崩後の登極に復古す

賢所

やと云ふに、既に皇室典範第二章第十条▽1第十一条▽2に、御規定相成りし如く、先づ践祚の御事ありて、後に諒闇《りょうあん》を出でさせられて、更に即位の礼を挙げさせらるゝ御事なり、上古は凡《すべ》て崩後を受け給へる登極のみなりしが、繼體《けいたい》天皇の安閑《あんかん》天皇に譲位《じょうい》ありて即日崩御《ほうぎょ》し給ひ、この後九代を経て皇極《こうぎょく》天皇に至り孝徳《こうとく》天皇に譲位し給ひしより受禅《じゅぜん》のこと起りて竟《つひ》に譲国儀など制定せらるゝに至り爾来崩後の登極と、受禅の登極とが、二ながら随時に行はるゝに至りしを、明治の昭代《しょうだい》となりて譲位と云ふことは、一切行はせられぬことゝ定められて、古に復されたるは、誠に尊き御事なり、［譲位の践祚は即日即位せられしが崩後の践祚に至りては多少の時日を経て行はせらるゝ例なれども今日は時勢古の如くならず、一日も君位を空《むな》うすべからざれば、崩御の後直ちに践祚▽3あらせらるゝなり、但宇多《うだ》、後三條《ごさんじょう》、鳥羽《とば》、後櫻町《ごさくらまち》天皇▽4の如きは崩御即日御践祚あらせられたり

賢所《かしこどころ》は、日本紀略《にほんきりゃく》に加之古止古呂とあり、賢の字は借字にて、かしこみも敬ひ奉る所のよしの名也、［今音読してケンジョ▽5とも称す］村上《むらかみ》天皇聖記、また扶桑略記《ふそうりゃっき》に威所に作り、小右記《しょうゆうき》に恐所とかき、中右記《ちゅうゆうき》に畏所とある如きは言義に近し、御堂関白記《みどうかんぱくき》に尊所ともあり、誠に上御一人より始めて、下、万民に至るまで、尊むべく、惶▽6むべきは、皇祖天照大御神の御霊代とます宝鏡にこそませ、天徳《てんとく》以来、数度の火災にも灰燼とならせ給はず、寿永《じゅえい》の乱、海底にも沈ませ給はず、嘉吉《かきつ》の変、敵手にも渡らせ給は

▽**皇室典範第十条**　天皇崩スルトキハ皇嗣即チ践祚シ祖宗ノ神器ヲ承ク

▽**同第十一条**　即位ノ礼及大嘗祭ハ京都ニ於テ之ヲ行フ

▽**直ちに践祚**　「天皇崩御せらるるの瞬間こそ新帝践祚し給ひ、皇位に即かせらるる時である。故に践祚は儀式でなく事実であると申すべきである」（『皇室の儀制と敬語』）

▽**後櫻町天皇**　『旧典類纂皇位継承篇』『帝室制度史』には、桃園天皇の崩御を宝暦十二年七月十二日、後櫻町天皇の践祚を同月二十七日と記述。

▽**賢所**　「けんしょ」と読むも誤りに非ず。（『皇室の儀制と敬語』）

▽**惶**　おそれる。

皇霊殿神殿

践祚の儀

賢所三日間の祭典

剣璽渡御の儀

ず、其威霊赫々として今日に至らせ給へり、されば歴世の聖皇尊崇浅からざるなり、大日本史に[▽1]凡天子毎日沐浴易服拝三大神宮内侍所於二石灰壇レ両段再拝、礼容最謹、列聖眷々崇敬之厚如此、可レ謂体二天祖授鏡之意一矣といへる真にさることとなり、古は温《ウン》明殿《メイデン》に斎はれ、後に春興殿《シュンキョウデン》[▽2]に遷座あり、今の宮城《きゅうじょう》にては更に一殿を建てさせられて斎ひ給ひぬ、この御殿を今猶、温明殿と称せらる、皇霊殿[▽3]は賢所の西［右方］の御殿にて、歴代の皇霊、皇后、皇妃、並に皇親の霊を祭らせ給ひ、神殿[▽4]は賢所の東［左方］の御殿にて、八神及天神地祇を祭らせ給へり、附式、第一編　践祚の式にて、賢所の儀、皇霊殿、神殿に奉告の儀、剣璽渡御の儀、践祚後朝見の儀の四ッに分たる、この四儀を行はせられて、始て践祚を了らせられたる御事となり、この後、即位の礼と、大嘗祭とを、行はせられて、登極をば全く了せさせられたる御事、となることゝ、伺ひ奉らるゝなり、

践祚の御儀は、登遐《とうか》[▽5]の御事有らせらるゝや、東宮より宮城に入らせられて挙げさせらるゝなり、賢所にて三日間、祭典を行はるゝは、古例なり御代拝なるは、諒闇中の御事なればなるべし、［祭祀令第八条[▽6]に規定せらる］剣璽渡御の御儀は最重き御事なれば、賢所第一日の御祭典と、同時に行はせらる宝剣と神璽とは侍従奉仕し、国璽と御璽とは、内大臣祕書官の捧持《ほうじ》せるを、内大臣進みて先づ剣璽を、御前の案《あん》[▽7]上に奉安し、次

▽**大日本史に**「凡そ天子《てんし》毎日沐浴《もくよく》、服を易へて、大神宮・内侍所を石灰壇《いしばいだん》に拝したまふ。両段再拝《りやうだんさいはい》、礼《れい》容《よう》最も謹む。列聖眷《けん》眷《けん》として崇敬の厚きこと此の如し。能く天祖の鏡を授くる意を体すと謂ふべし。」(『訳註大日本史』)

▽**春興殿**「しゅんこうでん、しゅんきょうでん」(『皇室事典』)

▽**皇霊殿**「歴代天皇・皇族の御霊がまつられており、崩御・薨去の一年後に合祀されます」。(『宮内庁要覧』)

▽**神殿**「国中の神々がまつられています」(同)

▽**登遐**　天子の崩御

▽**皇室祭祀令第八条**（略）天皇喪ニ在リ其ノ他事故アルトキハ前項ノ祭典ハ皇族又ハ掌典長ヲシテ之ヲ行ハシム

▽**案**　物を置く台。

神器は伝国の信憑

に国璽御璽を、御前の案上に安《お》きて、渡御の御事は了《をはら》せらるゝことなり、［神器は伝国の至贇▽1なれば必此器を授受して践祚の信憑となし給ふべき、皇祖の御遺訓なるを、後鳥羽天皇及北朝の天皇の之を受け給はずして践祚し給ひし如きは、乱世非常の異例にして、当時朝臣の大に異議を鳴らせしことなりき、玉海《ぎょくかい》に、後鳥羽《ごとば》天皇の践祚の御事を、抑《モ》不レ受二剣璽《ヲ》一踏《ム》二天下《ヲ》一之例、人代以来、曾《テ》無《シ》二蹤跡一、依二一日《モ》不レ可レ空二宝位一、猶践祚者被二念《ユハカニ》行一、雖二理可レ然、至二于即位之時一、猶試可レ有二此沙汰一歟、非三啻《ニ》遺二無レ例之恨一、殆可レ為二招レ乱之源一歟、（中略）何《ソ》況《ヤ》不レ帯二剣璽一即位之例出事者、後代乱逆之基、只、可レ在二此事一と云へり、実に止むと得ざることなりとは云へ、歴史上の一大瑕瑾《かきん》▽2なりとぞ申すべき、明治四年の詔《みことのり》に惟《おもんみ》るに▽3神器は天祖威霊の憑る所歴世聖皇の奉じて以て天職を治め給ふ所なりとあり嗚呼尊哉］

三種神器

抑《そもそも》、国民として我国に三種神器、即ち八咫鏡、草薙剣、八尺瓊曲玉の三神物の存することを、知らざるものなからむ、この神器は皇祖の皇孫瓊々杵尊《ににぎ》に授け給ひ、代々相伝へて君主の徴信《ちょうしん》となし給ひ、これに因りて、国家を治め、大義を定め、忠孝の道を教へ給ひぬ、神武天皇に至りて、特に尊崇し給ひ、神勅のまにくに、正殿に奉安せられしを、崇神天皇に至り、神威を褻▽4さんことを畏れて、此鏡剣を奉造したる神の子孫［天目一箇命《あまのまひとつ》八世孫国振立命と石凝姥命《いしこりどめ》八世孫瀛津足命との二人］を徴して、更にこの二器を模造し奉り、天授の二霊器をば、同六年に皇女豊鍬入媛命《とよすきいりひめ》に托して、笠縫邑《かさぬひのむら》に

▽贇　イン。うつくしいさま。

▽瑕瑾　きず。特に、欠点。短所。

▽神器及び皇霊遷座の詔　朕《ちん》恭《うやうや》しく惟《おもん》みるに、神器《じんぎ》は天祖《てんそ》威《ゐ》霊《れい》の憑《よ》る所《ところ》、歴世《れきせい》聖《せい》皇《くわう》の奉《ほう》じて以《もっ》て天《てん》職《しょく》を治《をさ》め玉《たま》ふ所《ところ》の者《もの》なり。今《いま》や朕《ちん》不逮《ふたい》を以《もっ》て復古《ふくこ》の運《うん》に際《さい》し、忝《かたじけな》く鴻緒《こうしょ》を承《う》く。新《あら》に神殿《しんでん》を造《つく》り、神器《じんぎ》と列聖《れっせい》皇《くわう》霊《れい》とをこゝに奉安《ほうあん》し、仰《あふぎ》て以《もっ》て万機《ばんき》の政《まつりごと》を視《み》んとす。爾《なんぢ》群卿《ぐんけい》百僚《ひゃくれう》其《そ》れ斯《この》旨《むね》を体《たい》せよ。（明治四年九月十四日、『明治天皇詔勅謹解』）

▽褻　セツ。けがれる。け。

温明とは鏡のことなり

神鏡別殿に斎はれ給ふ

遷座して、奉斎せしめ給ふ、これ後に伊勢神宮と、熱田神宮との御霊代にましまして、今日に至るまで、替らせ給ふこと無し、朝廷にては、この模造の鏡剣を以て、皇祖に賜ひしものとして、天皇と同殿共床にて、大座《おほまし》ましゝを、御鏡をば皇祖の、吾々を視るが如く為よと、宣らせ給ひし神訓によりて、猶安く思召させられず、何時の代よりか、別殿に遷して、斎《いは》ひ給ふことゝなれり、（江家次第《ごうけしだい》、禁秘御抄《きんぴみしょう》、公事根源《くじこんげん》等には、垂《すい》仁《にん》天皇の世に、温明殿に遷されしよしに云ひ、本朝事始《ほんちょうことはじめ》には、崇神天皇の御代とあり、当時温明殿など云ふ名称の、御殿有るべくとも思はれず、温明《ウンメイ》とは漢書の故事より出たる語にて、鏡のことなれば、御鏡を斎ひ奉つられたる御殿なるを以て、後世博士などの名づけたる名なるべし、古今著聞《ここんちょもん》集《じゅう》に、「内侍所《ないしどころ》は、昔は清涼殿《せいりょうでん》にさだめ安かせ参らせけるを、自ら不礼のことも有らば、其おそれ有るべしとて、温明殿に移されにけり、此の事、何時の御時の事にか覚束なし、彼殿、清涼殿よりさがりたる便なしとて、内侍所に定められたる方をば、板敷を高く敷き上げられたりけるとぞ」とあり、また撰集抄《せんじゅうしょう》に、「内侍所をば、御誓と御詞に任せて、主上と同殿におはしましけり、崇神御位の時、恐れをなし奉らせ賜ひて、別殿に遷し奉らせ給ひにけり、宇多の帝の御時《おほんとき》より温明殿に入らせ給へりけり」とあり公事根源に、内侍所一日の御供は、寛平年中に始るなど、あるによれば、早く別殿にも、又は清涼殿にても、斎はせ給ひしを、宇多帝の時、更に温明殿に入らせ給ひしにや有らむ、此後大内裡《だいだいり》廃れて後は温明殿もなくなりしさまなれば所々うつろひ給ひて嘉吉の頃には既《と》く▽1

▽既く　とく【疾】時間的経過が早いさま。速やかに。急いで。早速。即刻。とっく。とう。

内侍所をば動かしまつらずなれり

春興殿を以て温明殿代と定め給ひしなり、〕令義解に、践祚之日、中臣奏二天神之寿詞一忌部上二神璽之鏡剣一、また古語拾遺に、今践祚之日、所レ献神璽之鏡剣也、とある如く、かの深く斎ひ奉り給ふ神鏡をも上古には即位の日に、剣璽と共に、高御座《たかみくら》の大前に捧安し奉りしなり、其例は、日本紀繼體巻に、大伴金村大連《おほとものかなむらおほむらじ》乃跪上ル三天子ニ鏡剣璽符ヲ一再拝、また持統巻に、奉三上神璽剣鏡於二皇后一など、あるにて知らるゝなり、但、続紀、仁《にん》明《みょう》天皇崩御の条に、賚二天子神璽、剣、符節、鈴印等一奉二皇太子直曹一、文徳《もんとく》実録に献二天子神璽、宝剣、符節、鈴印等一、三代実録に、奉二天子（清和）神璽、宝剣、符節、鈴印等一などある神璽は、八尺瓊曲玉の御事なるべし、斯く上古は即位の御時に神器を上《たてまつ》りたりしが文武《もんむ》天皇の頃より大嘗祭にのみ上ること、なりたるは即位の礼は旨と唐制によられたるを以てなり然れども神鏡は別殿に神と斎は▽1せ給へば容易に動し奉らずなりて竟に剣璽とは全く離れさせ給ひしなり、延喜式また、儀式に忌部《いんべ》氏の鏡剣を奉ることの見ゆるは、旧文を録し、儀式を存せしまでのことなり、其は、北山抄《ほくざんしょう》に、忌部奉二神璽鏡剣一共退出、［群臣起寛平式云、天長以来此事停止、清涼抄云、近代不レ給二此神宝一、只奏二其詞一者、而寛平以後記文、忌部凡不二参入一、天慶紀云、頼基申云、件鏡剣自二御所一暫下給奉レ之、而天長或奏輙給二重物一、非レ無二事危一者、其後忌部雖レ申不レ給、］と有るにて知らる、忌部氏は衰微して、祖業を纉ぐことを得ず、弥、卑く下り、

▽**神鏡は別殿に**　「践祚ノ際、第一ニ賢所ノ儀ヲ行ハセラルルハ、皇祖天照大神ノ御霊代ヲ斎キ祭レル所ナルガ故ニ、此ノ事ヲ告ゲテ、皇佑ノ厚キヲ祈ラセラレ、並ニ皇祖ノ威霊ヲ慰メ奉ラルル所以ナルベク、次ニ、皇霊殿・神殿ナル列聖ノ皇霊ト天神地祇トニ於ケルモ、亦タ然ルベシ。（中略）掌典部員ハ、総テ喪ニ服スルコトナキヲ以テ、乃チ掌典長ヲシテ、代リテ奉告セシメ給フ。其ノ同時ニ、剣璽渡御ノ儀ヲ行ハセラルルハ、神器ノ瞬時モ皇位ヲ離ルベカラザルコト、祖宗ノ定制ナルヲ以テナリ。賢所ノ儀ト両両相待チテ、神器ノ所在、炳焉タルコトヲ昭示セラル」（『大礼記録』践祚ノ式ノ本旨）

大嘗祭に神器捧献の古儀を存せられしもこれ亦止みぬ

神璽は神代のまゝの御曲玉

神剣海に沈ませ給ふ

内侍所は、弥、神威を増し給へば、鏡剣を奉ることは止み、寿詞のみを奏することゝなりしなり、斯く御鏡は皇祖の霊として、伊勢の大神宮につぎて斎き奉らしめ給へば、諒闇の践祚などには、殊更《ことさら》慎しみ憚《はばか》るべき事となり来て、漸《やうや》く大嘗祭の時に、捧安の古儀を存せられしも、これ亦止みて、今回の御令によれば、恐くも天皇親《みづか》ら、賢所を奉じて、京都に至らせ、春興殿に斎はせ給ひて、その御内陣に進みて、同床に大座まして、皇祖に奉答し給ふことゝなりしは、世の自らの状とは云へ、これ全く、皇祖の同殿同床の神勅を忽▽1にし給はざる、全く随神の御業なりと、伺ひ奉るも恐きことなりかし、神璽は、神代のまゝの御曲玉にて、御筥に安ぜらる禁祕御抄に以㆓青色絹㆒裹㆑之以㆓紫糸㆒結㆑之如㆑網と記さる、古よりシルシノハコと、申し奉りて御尊重浅からず、御緒は、遠くは延喜年中に、近くは天明元年にも嘉永三年にも結び改めしめられしとぞ、御剣は寿永の役、海底に沈ませ給ひて、再び出で給はず、仍《よっ》て、後鳥羽天皇の建久《けんきゅう》元年より二十一年間は、昼《ひ》の御座《おまし》の神剣を以て、神器の御剣に代させられしが、後に神宮祭主の献上せし剣を以て、神剣に准ぜしめられたり、禁祕抄に、承元譲位時有㆓夢想㆒自㆓伊勢㆒進㆑之、又准㆓宝剣㆒以㆑剣為㆑先とあり、後世、御剣を陛下の御左に、御璽を御右に、奉安せらるゝも、これに拠らせ給へるなり、この御剣神璽は、昔は、寝《しん》殿《でん》に二階厨子《にかいずし》を居《す》ゑさせられて、奉奠《ほうてん》せられしが、近世に至りては同じ御殿の上の御

▽忽　ゆるがせ

間を、剣璽の御間と定められ、安置せられ給ひぬとなり、

第二条　天皇践祚ノ後ハ直ニ元号ヲ改ム元号ハ枢密顧問ニ諮詢シタル後之ヲ勅定ス

元号

改元の時期

一世一元の制

我国にて元号を建てられしは、孝徳天皇の大化に始まり、文武天皇の大宝以来断ゆることなし、御代始の改元、祥瑞《しょうずい》の出でし時の改元、災異の起りし時の改元、革命とて、神武天皇即位の年の干支、即ち辛酉▽1の年の改元、革令《かくれい》とて干支の首なる甲子《かっし》の年の改元、等あり、中世に至りては、屢《しば》ゞ改元ありて、甚しきは一天皇の御宇《ぎょう》に、七八度も改められしこと有しが、明治元年より一世一元の制に定められたり、皇室典範第十二条ニ、践祚ノ後、年号ヲ建テ、一世ノ間ニ再ビ改メザルコト、明治元年ノ定制ニ従フと、規定せられしを、猶、茲に委《くは》しく明記せられたるなり、［明治元年の制定とは、同年九月八日の改元詔▽2に、詔、体二大乙一而登レ位、膺二景命一以改レ元、洵聖代之典型、而万世之標準也、朕雖二否徳一、幸頼二祖宗之霊一、祗承二鴻緒一、躬親二万機之政一、乃改元欲下與二海内億兆一更中始一新上、其改二慶応四年一、為二明治元年一、自今以後、革二易旧制一、一世一元、以為二永式一、主者施行とあるを云ふなり］古は、改元の時には先づ年号勘者《かんじゃ》の宣下《せんげ》ありて、式部大輔文章博士、其他其事に堪能

▽辛酉　シンユウ、かのととり

▽改元詔　詔《みことのり》す。太乙《たいいつ》を体《たい》して位《くらゐ》に登《のぼ》り、景命《けいめい》に膺《あた》り以《もつ》て元《げん》を改《あらた》む。洵《まこと》に聖《せい》代《だい》の典型《てんけい》にして、万《ばん》世《せい》の標準《へうじゅん》なり。朕《ちん》、否徳《ひとく》と雖《いへど》も幸《さいはひ》に祖《そ》宗《そう》の霊《れい》に頼《よ》り、祗《つつし》みて鴻緒《こうしょ》を承《う》け、躬《みづか》ら万機《ばんき》の政《まつりごと》を親《した》しくす。乃《すなは》ち元《げん》を改《あらた》め海内《かいだい》の億兆《おくてう》と與《とも》に更始《こうし》一新《いっしん》せんと欲《ほっ》す。其《そ》れ慶応《けいおう》四年《しねん》を改《あらた》めて明治《めいぢ》元年《ぐわんねん》と為《な》す。自今《いまより》以後《いご》、旧《きう》制《せい》を革易《かくえき》し、一世《いっせい》一元《いちげん》、以《もつ》て永式《えいしき》と為《な》せ。主者《しゅしゃ》施行《しかう》せよ。（『明治天皇詔勅謹解』）

なる菅家《かんけ》の五家などをして、出典を具《ぐ》して、勘文《かんもん》[▽1]を奉らしめ、公卿をして難陳《なんちん》[▽2]とて、互にその優劣を論争簽議《せんぎ》[▽3]せしめ、その難陳の語を奏問[▽4]して、勅裁《ちょくさい》を仰ぎて決定せしなり、採用すべき字数にも限りあり、引証すべき書籍にも定冊ありて、随分六つヶしきことなりき、今其一例を云はゞ、享保二十一年改元の難陳に、唐橋大内記は、周易の天下嚮レ明而治とある語によりて、明治の字を撰進せり、時に清閑寺右大弁は、代始被レ用二治字一、凡七八度、各、年序不レ久、可有二如何一哉と難ぜり、然るに西園寺大納言は、此二字、其義用甚大矣、夫明二明徳于天下一者、聖王之所三以治二天下一也、故礼曰、明二照四海一、而不レ遺二微少一、又云、参二於天下一、並二於鬼神一、以治レ政也云々と、第一難を排して原案を陳せり、坊城中納言は、然拆レ字言レ之、則明字為二日月一、治字従二台水一、台星名也、水既逼二日月星辰一、即有二洪水滔天之象一、平時尚恐二其不一レ叶、況於二龍飛之始一乎と、第一陳に対して第二難を試たり、次に式部権大輔は、この第二難に対して、更に第二陳をなして曰く、然、明字為二日月一、按二周易一、大人者、與二天地一合二其徳一、與二日月一合二其時一、此文可レ為二嘉徴一、如下治字従二台水一之難上者、天治号、可レ謂三水逼二天文星辰一也、亦在二龍飛之始一、而無二決水之事一、推レ古験レ今、強無二其難一、可レ被二採用一哉、可レ在二上宣一と、然るにこの第二陳も、終に採用に至らずして、元文と改元せられたりき、この元文も今より之を思へば、漸く五年にて止み、排斥せられし明治の号の、百七十

▽**勘文**　カモンとも。
▽**難陳**　互ひに論難・陳弁しあふこと。
▽**簽議**　僉議・みなで相談する。衆議。
▽**奏聞**　ソウモン。奏上（言葉で天皇に申しあぐること。伏奏、奏聞とも用ゐる『皇室の儀制と敬語』）

年の後に於て歴史上、赫々の光輝を放つに至りしを思へば、誰か今昔の感なからむ、明治維新に至りて、斯る煩雑なることを停められ、一世一元とせられ、この御令にて、枢密院顧問官に諮詢を経て、勅定せらるゝことに定められしなり、

第三条　元号ハ詔書ヲ以テ之ヲ公布ス

詔書式

古より改元の時には、詔書を以てせらる、西宮記、北山抄等に、詔書《ノ》事、改元、改銭、並、赦令等之類也、但臨時《ノ》大事《ヲ》為レ詔、尋常小事為レ勅也と、あるにて知るべし、これらの古例によらせられて、建元は重きことゝして、詔書を以て公布せらるゝなり、詔書の勅書より重きことは、明治四十年一月三十一日の勅令を以て、発布せられし公式令の第一条▽1、第二条▽2にて、知るべし、

第四条　即位ノ礼及大嘗祭ハ秋冬ノ間ニ於テ之ヲ行フ
大嘗祭ハ即位ノ礼ヲ訖リタル後続テ之ヲ行フ

即位の礼とは

即位の礼とは、別式によりて、按ずるに、即位の当日皇霊殿、神殿に奉告の儀、賢所大前の儀、紫宸殿の儀、即位礼後一日賢所御神楽の儀等のことなり、皇霊殿と神殿に

▽公式令第一条　皇室ノ大事ヲ宣誥シ及大権ノ施行ニ関スル勅旨ヲ宣誥スルハ別段ノ形式ニ依ルモノヲ除クノ外詔書ヲ以テス。詔書ニハ親署ノ後御璽ヲ鈐シ其ノ皇室ノ大事ニ関スルモノニハ宮内大臣年月日ヲ記入シ内閣総理大臣ト倶ニ之ニ副署ス其ノ大権ノ施行ニ関スルモノニハ内閣総理大臣年月日ヲ記入シ之ニ副署シ又ハ他ノ国務各大臣ト倶ニ之ニ副署ス　▽**第二条**　文書ニ由リ発スル勅旨ニシテ宣誥セサルモノハ別段ノ形式ニ依ルモノヲ除クノ外勅書ヲ以テス。勅書ニハ親署ノ後御璽ヲ鈐シ其ノ皇室ノ事務ニ関スルモノニハ宮内大臣年月日ヲ記入シ之ニ副署ス其ノ国務大臣ノ職務ニ関スルモノニハ内閣総理大臣年月日ヲ記入シ之ニ副署ス

即位の日賢所大前の儀
幌
壁代
帛御袍
空頂御黒幘
御五衣、御唐衣、御裳
緌
袍、闕腋、縫腋

奉告の御儀は、勅使《ちょくし》を遣はされて行はる、これ天皇京都に座せばなり、賢所大前の御儀と、紫宸殿の御儀とは、この大礼中の最主要なる御儀なるを以て、左に之を述ぶべし、賢所大前に於ては、当日早旦御殿を装飾せられ御簾《ミス》、幌《トバリ》、壁代《カベシロ》を更め、［幌はトバリと云ふ、帷幔《いまん》▽1に同じ、戸張の義なり、壁代とは、壁に代ふる義、表裏両面絹を用ゐる軟障《ゼンシャウ》の如く、御簾に接して、内に懸くるものなり］内陣の中央に、天皇御拝の短帖《たんじょう》の御座を設けられ、御側に剣璽を奉安すべき案を置かれ、皇后の御座を其東方に設けらる、時刻到りて、建礼門《けんれいもん》［京都御所の正南門］及び、建春門《けんしゅんもん》［東方の側門］を開く、文武高等官、有爵者、外国交際官、並夫人等、朝集《ちょうしゅう》所に参集、天皇、皇后には宜陽殿《ぎようでん》に渡御ありて、天皇には御束帯帛御袍《ゴソクタイハクノオンハウ》、未成年に座す時は、空頂御黒幘《クロノサク》▽2［帛御袍は天子神祭の御服なり、幘《サク》はヒタヒノカヾフリとも云ふ、額の冠の義なり、空頂の御幘は今の末額の如きものなり］、皇后には、御五衣《オンイツヽギヌ》、御唐衣《オンカラギヌ》、御裳《オンモ》［五衣はイツヽギヌと云ふ、同色又は異色の衣を五領重ねたるなり、唐衣はカラギヌと云ふ、半臂《ハンピ》の如く肢に及ばされば、胴衣《カラキヌ》の義なりと云ふ、裳はモと云ふ、腰に着くる服なり］を召換させられ、御手水あり、此間皇太子、同妃以下、宮内大臣、内大臣、侍従長、大礼使長官、式部長官、皇后宮大夫、女官等の供奉《ぐぶ》員一同も、男子は束帯帯剣、女子は五衣、唐衣、裳に服装を易《か》へらる、次に建礼門外、建春門外に儀仗《ぎじょう》兵整列すれば、大礼使高等官六人、冠は巻纓《マキエイ》▽3、緌《オイカケ》［緌はオイカケとも、ホヽスゲとも云ふ、

▽**帷幔**　たれまくとひきまく。幕。

▽**空頂御黒幘**「くうちやうおんこくさく、天皇の御成年にあらせあれる御時、召される御冠である。（中略）皇族の場合は『空《くう》頂《ちやう》黒《こく》幘《さく》』と用ゐる」（『皇室事典』）

▽**巻纓**「ケンエイ」とも。

纔着
裲襠
摂腰
単
下襲
半臂
大口
表袴

脛巾
絲鞋

鞾

細纓

貂《てん》尾馬尾などにて作る、緌を着くる時は必、巻纓にするなり〕縹袍《ハナダノハウ》は闕腋《ケツテキ》、纔着《サイヂャク》、〔袍《ハウ》はウヘノキヌとも云ふ、表着なり、つぎ〳〵縹袍、緋袍、黒袍などあるは当色《とうじき》とて、位階の高下により て色の異るなり、闕腋縫腋などあるは、其製によりて云ふなり、闕腋《ケッテキ》はワキアケノコロモと云ふ、腋を縫はざればなり、武官の服なり、縫腋《ハウテキ》▽1はマツハシノウヘノキヌと云ふ、腋を縫ひて纏はしたれば云ふなり、文官の服なり、纔着《ザイチャク》はザイチャクと称す、纔《わづか》に地に着くよしにて、身の丈に着ることを云ふなり〕錦の裲襠《リヤウタウ》、錦の摂腰《セツヨウ》、〔裲襠ウチカケなり、摂腰はコシアテなり〕単《ヒトヘ》、下襲《シタガサ子》〔下襲とは袍をウヘノキヌと称するに対し、袍の下に重ぬる衣なれば、下重と云ふなり、其製、衿は衣の如く、袖は袍の如く、腋は闕け、尻は長く地に引く、後世、尻を切り放ちて裾を別にせり〕半臂《ハンピ》〔下襲に重ねて、袍の下に着する半袖の衣なり、襴《らん》及び忘緒《わすれを》あること袍の如し〕大口《オホクチ》、表《ウヘノ》袴《ハカマ》〔大口は括《クヽリ》なく、口広く大なれば大口と云ふ、小口袴に対する称、赤地又は白地なり、表袴はウヘノハカマと称す、下袴中袴等の表に着く、襞積《ヒダ》及括緒なく、地は白にて綾絹にて作る〕白布《ノ》帯、緋脛巾《ヒノハヾキ》、絲鞋《イトノクツ》〔脛巾《ハヾキ》は脛にはくよしの名、ムカハキ共云ふは向佩の義、絲鞋は俗にシガイと云ふ、もと絲にて作る、足袋に似て歩行に易し〕を穿《うが》ち、平緒附けたる剣を佩《は》き、箭《や》を挿みたる平胡籙《ヒラエビラ》▽2を負ひ、手には弓を執りて、参進、南門の外掖に各左右三人宛、相対して衛門の本位に就き、次に司鉦、司鼓〔鼓及鉦を撃つ人〕高等官左右各一人は束帯、剣、鞾《クツ》〔鞾は靴に同じ、クワノクツと云ふ、図参照すべし〕判任官左右各六人は束帯《ソクタイ》、冠は細纓《ほそえい》〔細

▽縫腋　ホウエキ

▽胡籙　やなぐひ

威儀物

桂甲
肩当
平胡籙
壺胡籙

緌とは細燕尾とも云ふ、鯨の髭を曲げたるなり、六位以下の冠なり」の人本位に就き、次に大礼使高等官左右各二十人、威儀物《イギノモノ》を捧持して参進、本位に就く、［威儀物とは、太刀八口、弓八張、壺胡籙《ツボエビラ》八具、桙八竿、楯八枚を云ふ、太刀は両面錦嚢に、弓は赤色綾嚢に、壺胡籙は紫色綾嚢に納めらる、威儀物を建つるは、古語拾遺に、神武天皇即位の時の御事を、物部乃立二矛盾一大伴来目建レ仗開レ門、令下朝二四方之国一観中天位之貴上とあり、延喜式にも諸衛立レ仗諸司陳二威儀物一、如二元日儀一、石上榎井二氏各二人、［この二氏は物部氏より別れたる氏なり］皆朝服、率二内物部四十人一立二大嘗宮南北門神楯戟一などありて、最重き儀なり、」この威儀の物を捧持するものは、垂冠の束帯、帯剣、韡の服装にて、太刀捧持者は黒袍弓及胡籙の捧持者は、緋袍、桙、楯の捧持者は縹袍なり、次に大礼使、高等官、左右各十人、束帯冠は巻緌、緌、袍は闕腋、桂甲《ケイカフ》［ウチカケヨロヒともカケヨロヒとも云ふ］肩当《カタアテ》［肩に当る衣］錦の摂腰、［帯に似たり］単、大口、表袴、白布帯《ノ》韡の服装に平緒の剣、箭を挿める胡籙、弓を持ちて［但、前列者は黒袍、平胡籙《ヒラヤナクヒ》、後列者は緋袍壺胡籙《ツボヤナクヒ》なり、平胡籙は其製平なれば差したる矢、上は広く開き、壺胡籙は其製深ければ、其矢すぼむなり、矢の数は二十一筋又は、十一筋なるべし］参進、威儀の本位に着くなり、かく列位定まれば、鉦と鼓とを撃ち鳴らす、これを合図に、朝集所に参集の百官等、本位に着く、次に春興殿内殿の開扉あり、次に神楽歌を奏する中に、神饌と幣物とは供せらる［この神饌は、折敷《をしき》高坏《たかつき》六基、折櫃《をりびつ》四十合なり、四十合の神饌は、禁祕抄に即位始供二神物四十合一、自二内蔵寮一進レ之、また江家次第に代始被レ奉二四十台御供一など、あるによらせられたるなるべし」次に、掌典長祝詞を奏し終れば天皇、皇后、内陣の御座に著御《ちやくぎよ》ありて、天皇には御拝礼の後、御告文《おつげぶみ》の奏あり、かくて、天皇、皇后入御《じゆぎよ》ありて後、諸員拝礼、撤饌、閉扉等のことあり、謹んでこの御盛儀を拝して、天皇の大孝を申べ給まふ至誠に、感泣せざらんとして得ず、吾児視二此宝鏡一、当猶レ視レ吾與同レ殿共レ床以為二斎鏡一、また、皇孫就而治焉、宝祚之隆当下與二天壌一無上窮者矣、と宣ひし皇祖の神勅を体せられて、今更に皇緒を受け給ひ、皇祖の吾が御魂と為せよと宣らせられて、御手づから賜ひし宝鏡の大前に、宝祚に騰り給ふ、実に感極りて申し加へ奉るべき言辞なし、會澤正志先生がその著、新論▽1に即位の御事を述べ来りて、毫無レ異二於天祖伝レ祚之日一、而君臣皆不レ得レ忘二其初一也、夫、以二天祖之遺体一、而膺二天祖之事一、粛然優然見二当初儀容於今日一、則君臣観感洋洋乎如レ在二天祖之左右一、而群臣之視二天孫一、亦猶レ視二天祖一、其情之発二於自然一者、豈得レ已哉、而群臣也者、亦皆神明之冑、其先世事二天祖天孫一、有レ功二徳於民一、列二在祀典一、而宗子糾二緝族人一、以主二其祭一、入以追二孝其祖一、出以供二奉大祭一、亦各以二其祖先之遺体一、行二祖先之事一、惻然悚然、念下乃祖乃父、所三以敬二事皇祖天神一者上、豈忍下忘二其祖一、背中其君上哉、於レ是乎、孝敬之心、父以伝レ子、子以伝レ孫、継レ志述レ事、雖二千百世一、猶如二一日一、孝以移二忠於君一、忠以奉二其先志一、忠孝出二於一一、

▽新論「夫《そ》れ、天祖《てんそ》の遺体《ゐたい》を以《もつ》て、天祖《てんそ》の事《こと》に膺《あた》り、粛然《しゆくぜん》優然《あいぜん》として当初《たうしよ》の儀《ぎ》容《よう》を今日《こんにち》に見《み》れば、則《すなは》ち君臣《くんしん》観感《くわんかん》し、洋洋乎《やうやうこ》として、天祖《てんそ》の左右《さいう》に在《あ》るが如《ごと》く、而《しかう》して群臣《ぐんしん》の天孫《てんそん》を視《み》ること、亦《また》天祖《てんそ》を視《み》たてまつるが如《ごと》し。其《そ》の情《じやう》の自《し》然《ぜん》に発《はつ》する者《もの》、豈《あに》已《や》むを得《え》んや。而《しかう》して群臣《ぐんしん》は、亦皆《またみな》神明《しんめい》の冑《ちう》にして、其《そ》の先世《せんせい》は天祖《てんそ》天孫《てんそん》に事《つか》へ、民《たみ》に功徳《こうとく》あり、列《れつ》して祀典《してん》に在《あ》るものなり。而《しかう》して嫡子《ちやくし》族人《ぞくじん》を糾輯《きうしふ》し、以《もつ》て其《そ》の祭《まつり》を主《つかさ》どり、入《い》りては以《もつ》て孝《かう》を其《そ》の祖《そ》に追《お》ひ、出《い》でては以《もつ》て大祭《たいさい》に供奉《ぐぶ》するに、亦《また》各《おのおの》其《そ》の祖先《そせん》の遺体《いたい》を以《もつ》て、祖先《そせん》の事《こと》を行《おこな》ひ、惻然《そくぜん》悚然《しようぜん》として、乃《だい》祖《そ》乃《だい》父《ふ》の、皇祖《くわうそ》、天神《てんしん》に敬事《けいじ》せし所以《ゆゑん》の者《もの》を念《おも》はゞ、豈《あに》其《そ》の祖《そ》を

皇祖の大前に大礼を申べて後に高御座に登り給ふ

紫宸殿の儀

帽額

高御座

教訓正俗、不レ言而化、祭以為レ教、教之與レ政、未二嘗分為一レ二、故民唯知下敬二天祖一奉中天胤上、所レ嚮一定、不レ見二異物一是以民志一而天人合矣と、云はれしは、実によく尽されたりと云ふべし、斯かる立派なる御国柄なるに若し国民として、未だこれを知らざる者ありとすれば、豈夫れ、教へざるの罪深からずや、自己が抱ける玉は、連城の璧▽1なることを知らずして、他人の持てる土塊をうらやみて、これに換へんとする如きもの有らば、これをこそ白痴癲狂と云はめ、慨歎せざらんとして得んや、これいつも不肖を顧みず、絶叫警告する所以なり

斯く、皇祖の大前に大礼を致されぬれば、これより紫宸殿の高御座に登り、大詔《たいしょう》を下し給ひて、寿詞を受けさせ給へる大儀あるなり、当日は、御殿の南栄《ナンエイ》［南栄とは南の栄《ヒサシ》なり、栄は字鏡に比佐之《ヒサシ》とあり、安齋随筆に栄の字ノキと訓《よ》むとあり、説文に栄は屋翼也とあり］に、五綵瑞雲《ゴサイズヰウン》に日像の繍《ぬひとり》ある帽額《モカウ》を懸け、［帽額はモカウと云ふ、首服《しゅふく》▽2の名より転じて、長押《なげし》に横に長く引く布帛《ふはく》なり、水引幕はこの遺製なりと云ふ］母屋《モヤ》の中央に南面《なんめん》して、三層の黒漆《クロヌリ》の継壇《ツギダン》を立て据ゑ、其上に高御座《タカミクラ》を安置せらる、高御座とは、天皇の御座の名にて、延喜式祝詞に、天津高御座ともあり、其高御座の蓋上中央の頂には、金色の大鳳形一翼、棟上の八角には、同小鳳形各一翼づゝ、瑞雲を絵ける搏風《はふ》と、蓋下とに、大小鏡を立て棟下の八角に玉旛《ぎょくばん》を垂る、其内部に紫の御帳《みちょう》あり、御帳の上層に帽額、

忘《わす》れ君《きみ》に背《そむ》くに忍《しの》びんや。是《こゝ》に是《おい》て孝敬《かうけい》の心《こゝろ》を、父《ちゝ》は以《もっ》て子《こ》に伝《つた》へ、子《こ》は以《もっ》て孫《まご》に伝《つた》へ、志《こゝろざし》を継《つ》ぎ、事《こと》を述《の》べ、千百世《せい》と雖《いへど》も猶《な》ほ一日《にち》の如《ごと》し。孝《かう》は以《もっ》て忠《ちゅう》を君《きみ》に移《うつ》し、忠《ちゅう》は以《もっ》て其《そ》の先《せん》志《し》を奉《ほう》ず。忠孝《ちゅうかう》は一に出《い》づ。教訓俗《けうくんぞく》を正《ただ》せば言《い》はずして化《くわ》し、祭《さい》は以《もっ》て政《せい》と為《な》り、政《せい》は以《もっ》て教《けう》と為《な》る。教《けう》は政《せい》と未《いま》だ嘗《かつ》て分《わか》れて二と為《な》らず。故《ゆゑ》に民《たみ》は唯々《たゞ》天祖《てんそ》を敬《けい》し、天胤《てんいん》を奉《ほう》ずるを知《し》るのみ。嚮《むか》ふ所《ところ》一定《てい》して、異物《いぶつ》を見《み》ず。是《こゝ》を以《もっ》て民志《みんし》一にして天人合《てんじんがっ》す。」（『国体明徴国民読本』より）

▽**連城の璧**　れんじょうのたま。古代中国の戦国時代故事から、またとない宝物のこと。れんじょうへきとも

▽**首服**　冠。

繧繝縁畳
龍鬢土居
毯代
倚子

蛇舌。文安御即位調度図に堀物蛇舌また蛇舌の帽額などあり其形を察すべし

蛇舌を懸く、壇上第一層第二層には、赤地《アカヂノ》錦を敷き、第三層には、青字錦を敷く、其上に繧繝縁畳《ウンケンベリノタヽミ》二枚、［繧繝縁畳は、ウンケンともウケンとも云ふ、正字は暈繝なり、五色の絹にて織る、紋は菱なり］大和錦縁龍鬢土居《ヤマトニシキノヘリリウビンノツチヰ》一枚［龍鬢は龍鬢草を以て織る故に称す、今は畳の表を以てし龍紋を貼綴す、土居とは俗に土台に敷くと云ふが如し］大和軟錦毯代《ヤマトノゼンキンノタンダイ》一枚、東《とう》京《ぎょう》錦《き》毯代一枚［毯代はダンダイと云ふ、毯の代用として布帛を以て製るなり、毯とは毛席なり、俗にダンツウと云ふは、毯子の訛なり、大和の軟錦にて作るを、大和軟錦毯代と云へば、支那東京より出づる錦を以て作るを、東京毯代と云ふべきか、然れども延喜式に唐経錦とあるものと、同一なるべければ、東京は唐経の仮字とす］を累敷せらる、其上に御倚子▽1を立て玉座となし、［倚子はイシと云ふ、倚憑▽2するよしの名、欄あり、褥《しとね》を敷く］その御左右に螺鈿《らでん》案各一脚を安き、剣璽奉安の所とせらる、抑、これを天津高御座と申すは、天照大神より受け継ぎませる御座なればなり、この高御座に登り給ひて、始めて天皇とならせ給ふ訳なれば、実にこの高御座は神聖のものにて、決して他人の覬覦《きゆ》▽3すべからざること勿論なり、延喜式祝詞▽4に皇親神魯企神魯美之命《スメムツカムロギカムロミノミコト》以氐、皇御孫之命乎天津高御座爾坐氐、天津璽《アマツシルシ》乃剣鏡乎捧持賜天、言寿宣志久《コトホギノリタマヒシク》、天津日嗣遠、万千秋乃長秋爾、大八洲豊葦原瑞穂国之国乎、安国止平気久所知食止言寄奉賜とあり、此祝詞によりても、この天津高御座には、天皇が自ら登り給ふにもあらず、また国民が天皇として登らせ奉る義にもあらずし

▽**御倚子**　『大礼記録』『昭和大礼要録』には「御椅子」

▽**倚憑**　依憑（いひょう）。たのみとすること。頼りにすること。

▽**覬覦**　身分にはづれたことをうかがひ望む。またその望み。

▽**延喜式祝詞**　大殿《おほとの》祭《ほがひ》「皇《すめら》が親《むつ》神魯企《かむろき》・神魯《かむろ》美《み》の命を以ちて、皇御孫の命を天《あま》つ高御座《たかみくら》に坐《ま》せて、天《あま》つ璽《しるし》の剣・鏡を捧げ持ち賜いて、言寿ぎ〈古語に許止保企《ことほき》と云う。寿詞《ほきこと》と言うは今の寿觴《さかほかい》の詞《ことば》の如し〉宣《のたま》いしく、皇我《すめらあ》がうずの御子《みこ》皇御孫の命、これの天つ高御座に坐して、天《あま》つ日嗣《ひつぎ》を万千秋《よろずちあき》の長秋に、大八洲豊葦原《おおやしまとよあしはら》の瑞穂《みずほ》の国を安国と平らけく知ろし食《しろしめ》せと〈古語に志呂志女須《しろしめす》と云う〉、言《こと》寄さし奉り賜いて」（『延喜式・上』）

高御座は天子自ら登り給ふにもあらず臣民がのぼせ奉るにもあらず皇祖の登らしめ給ふなり

皇后の御座

紫宸殿庭の装飾

て、皇祖の登らしめ給ふ義なることを知るべく、上にも述べし如く、天祖如在の礼を尽して、大礼を挙げさせらるゝ最重大の儀式と知るべし、継壇の下南東西の三面に両面《ノ》錦を敷き、其の北階の下より後に至る間、筵道《エンダウ》を敷きて、天皇の御通路とす、

この高御座の東側に、皇后の御座を設けらる、其儀三層継壇を立て、八角にて棟端、蕨手《ワラビテ》なる御帳台を安し、其蓋上に霊鳥形一翼、八角の棟下に、玉旛一各一旒を懸く、其他の装飾高御座に準ずとあり、抑、皇后のこの大礼に列し給へること、古は即位の式は、大凡元日の儀に同じかりしかば、内裏式元正受二群臣朝賀一式の条に、整二設御座於大極殿《だいごくでん》一敷二高座一以レ錦、高座壇下南並東西鋪二両面一云々、張二班幔於高座後左右一也、設二皇后御座於高座東幔之後一云々とありこれらによりて、この御令は御制定あらせられしなり、天皇の御座の正中《せいちゅう》にして、皇后の御座の其東側に設けらるゝは、自らその別のあらせらるゝことを、明にせられしなり

南庭《だんてい》桜樹の南方に日像纛旛《にっしょうとうばん》、この御旛は赤地錦に、日像を繡にし、纛竿《タウノサヲ》に懸けらるゝなり、其南に頭八咫烏形大錦旛《ヤタガラスガタノだいきんばん》、この旛は五彩の瑞雲の錦に、八咫烏形を繡にし、戟竿《ホコノサヲ》に懸けらるゝなり、八咫烏は、神武天皇東征の御時に出でゝ、嚮導し奉りし霊鳥なるを以て、殊に用ゐられしなるべし、次に菊花章、大錦旛五旒［一旒は青字錦、一旒は黄地錦、▽1一旒は白地錦、一旒は紫地錦にて、並に金絲を以て菊花章を繡にし、戟竿に懸けらる、］

▽五旒　三旒目に「一旒は赤地錦」が入る。

唐制を禁めて凡て神武天皇の故事に因らる

次に▽1菊花章中錦旛五旒、［同上］次に菊花章小錦旛五旒［同上］を順次に樹てられ、橘樹の南方には月像纛旛一旒、この旛は白地錦に月像を繍にし、纛竿に懸けらる、その南に霊鵄《れいし》大錦旛一旒、この旛は五彩雲の錦に、金色鵄《トビ》を繍にし、戟竿に懸けらる、金鵄も亦、神武天皇の皇弓に止まりて、奇瑞を示しゝこと、皆人の知る所なり、次に菊花章の大中小錦旛十五旒を樹つること、東方の如し、左右の大錦旛の前面に、万歳《ばんざい》旛《ばん》各一旒づゝを樹てらる、万歳旛は赤地錦に、上に厳瓮《イツベ》及魚形《ウヲノカタ》を繍にし、下に金泥を以て万歳の二字を書し、戟竿に懸けらるゝなり、厳瓮と魚形とは、神武天皇紀に、天皇祈之曰、吾今当以㆓厳瓮㆒沈㆓于丹生之川㆒、如《モシ》魚無㆓大小㆒悉酔而流《レンコト》譬猶㆓被葉《マキノハノ》之浮流㆒者、吾必能定㆓此国㆒云々、頃之《シバラクシテ》魚皆浮出、随㆑水噞喁《アギトフ》、云々、天皇大喜云々、以祭㆓諸神㆒、自㆑此始有㆓厳瓮之置㆒也とある、瑞祥の故事▽2によらせられしなり、小錦旛の前面には、鉦鼓を左右に各三面づゝ置かれ、金鍔黒柄の桙を左右十竿づゝ布列せらる、此桙には金繍の靹の絵ある赤錦の旛を着く、靹は應神天皇に由縁あり、こは右の近衛陣の竿に替へられたるものと伺はる、今回の新令にて唐制によられし龍像纛とか、鷹像幢とか、四神桙などを、停止せられて、わが紀元を開始せられし皇祖神武天皇の故事によりて頭八咫烏金色鵄厳瓮等を用ゐられ又菊花章に定められしは誠に明治昭代の賜にて万世動くまじき盛儀と申し奉るべきなり、神社は古来、朝廷に習ひ奉り

▽**大錦旛**　附式に菊花章大錦旛各五旒はなく、大錦旛は八咫烏形と霊鵄形の二旒。戦後初の御代替りとなった平成の即位礼では、八咫烏形と霊鵄形の大錦旛が菊花章大錦旛二旒（東方に赤地、西方に白地）に改められ、万歳旛の厳瓮及魚形の繍がなくなった。

▽**瑞祥の故事**　祈《うけ》ひて曰《のたま》はく、「吾今当《われいままさ》に厳瓮《いつへ》を以《も》て、丹生之《にふの》川《かは》に沈《しづ》めむ。如《も》し魚《いを》大《おほ》きなり小《ちひさ》しと無く、悉《ふつく》に酔《ゑ》ひて流《なが》れむこと、譬《たと》へば柀《まき》の葉《は》の浮《う》き流《なが》るるが猶《ごと》くあらば、吾必《われかなら》ず能《よ》く此《こ》の国《くに》を定《さだ》めむ。——頃《しばらく》ありて、魚皆《いをみな》浮《う》き出《い》でて、水《みづ》の随《まま》に噞喁《あぎと》ふ。——天皇《すめらみこと》大《おほ》きに喜《よろこ》びたまひて、——諸神《もろかみたち》を祭《いは》ひたまふ。此《これ》より始《はじ》めて厳瓮《いつへ》の置《おきもの》有《あ》り。（日本古典文学大系『日本書紀』）。「あ

神社も亦純粋の国風に復して朝儀にならひ奉るべし

天皇高御座に昇御

しこと多く、狛犬を置くとか、四神桙を樹るとか、随身像を置くとか、鼓鉦を撃つといか、大概朝儀にならへることとなるが、今後は更にこの盛儀にならひ奉りて、狛犬や、四神桙を止めて、旛旒の模様の如きも、其祭神に関係したることなどを用ゐること、すれば、教育上にも益する処多大たるべしと思はる、

斯く、準備調へば儀仗兵は建礼建春《ケンレイケンシュン》両門外に整列し、文武高等官等は日華承明《ニックワショウメイ》の二門外に列立し、大礼使高等官三十人承明、日華《ニックワ》、月華《ゲックワ》、長楽《チャウラク》、永安、左掖、右掖等の諸門に参進、衛門の本位に就き、次で司鉦司鼓の者も、その本位に就き、次に大礼使、高等官左右各二十人、威儀物を捧持して日華、月華の各門より参入し、中錦旛の前面なる本位に就き、次に大礼使高等官左右各十人、同上の門より参入、南庭桜橘樹の前面の本位に就く、其服装[1]は凡て賢所の大前の如くなれば、喩ふるに物なき盛観なるべし、次で鉦鼓各三下[2]を撃てば、［古は、大臣たる人が撃つことを命ぜしなり］諸員列立し、次で大礼使、高等官等前導して、門外列立の文武高等官を殿上の東廂、又は軒《こん》廊《ろう》に参進し、本位に着かしめ、総理大臣、宮内大臣、大礼使長官等は、殿上南廂に参進して班に着く、皇太子親王等には、高御座の前面の壇下の本位に就かれ、次に、警蹕を称ふれば、天皇には御束帯、黄櫨染《キハジゾメ》[3]御袍［黄櫨染袍は麹塵《キクヂン》に同じ、装束唯心抄に、黄櫨染、色海松茶《ミルチャ》のばけたる様の色なり、裏、平絹、花田《ハナダ》染、御紋、桐、竹、鳳凰、麒麟等也、夏薄物、

「ぎとふ」とは魚が水面で、えらをぱくぱくと動かして呼吸する様子。

▽其服装　平成の即位礼では、総理大臣の服装は燕尾服となった。

▽三下　「みたび」（『訓読註釋 儀式 践祚大嘗祭儀』）。「サンカ」三度打つこと（『大漢和辞典』）。

▽黄櫨染　コウロゼン。黄櫨はハゼノキに同じ。

天皇立御御笏を端し給ふ

総理大臣南栄に進みて寿詞を奏す

無レ裏云々、四方拝、小朝拝、節会《せちえ》、行幸《ぎょうこう》、内侍所御神楽之出御に著御し給ふなり、とあり、海松茶とは、緑色に黒みある、俗にアキミルチャと云ふ色なり」高御座の北階より昇御遊ばさる、此時侍従、剣璽を御帳中の案上に奉案し、内大臣高御座の御帳外東北隅に候し、侍従長、侍従武官長等は、高御座後方の壇下に侍立するなり、此時に於て皇后にも御帳台に昇らせらる、次に侍従二人分れて、東西両階より壇上に昇りて、大前の御帳を搴《かか》げ、女官二人も皇后の御帳台の御帳を搴ぐ、斯くて、天皇には御笏《おんしゃく》を端《ただ》し給ひて立御、皇后にも御檜扇《ヒアフギ》を執りて立御遊さるれば、此時百官一同は最敬礼を行ふなり、これは、古の再拝舞踏▽1に相当するものとも申すべし、次に内閣総理大臣西階を降りて、南庭階下に北面して立てば、勅語あり、「この勅語に皇祖より歴世受継ぎて万民を撫育し給ふことを宣らせらるゝこと続日本紀に見ゆる宣命にて知るべし」総理大臣は謹みて之を受けて、真直に南階を昇り、南栄《ミナミノヒサシ》の下に進みて、寿詞を奏して南階を降り、「寿詞はヨゴトと訓ず、神祇令に凡、践祚之日、中臣奏二天神之寿詞一義解に謂以二神代之古事一為二万寿之宝詞一也とあり、皇祖の詔を以て、此大日本国を皇孫に任じ給ひしこと等を述て、皇統の無窮宝算の長久等を祝せる詞なり、昔は大嘗祭の翌日中臣玉串を笏に持ちそへ、跪《ひざまづ》きて奏したり、康治元年の寿詞は、現御神止大八島国所知食須、大倭根子天皇我御前仁、天神之寿詞遠、称辞定奉良久止申須云々にて、祝詞文体なり、中世以降はともかくも、上古の中臣氏は、執政の長官たり、総理大臣のこの寿詞を奏す

▽再拝舞踏「拝舞」拝舞とは、まず二度拝礼し、立ったまま上体を前屈して左右を見、これにあわせて袖に手をそえて左右に振り、次にひざまづいて左右を見、そのまま一揖（いちゆう。おじぎ）し、さらに立って二度拝礼する所作。最高級の拝礼の所作。（天皇陛下の御退位及び皇太子殿下の御即位に伴う式典準備委員会第二回議事配布資料「宮内庁作成資料1」より）

賢所御神楽の儀

ること、まことに然るべきことなり、猶第十五条に云ふべし」南庭の万歳旛の前面に至りて、万歳を称ふること三声［諸員も一同之に和して奉唱す、古は此時武官万歳の旗を振りしなり］訖て西階を昇り本座に復すれば天皇皇后には入御《じゅぎょ》遊され、次で鉦鼓の撃を聞いて、文武の諸員退下《たいげ》することなり、これにて御式もめでたく済ませられたることなれども然れども、御即位の式は御即位礼後、一日賢所御神楽▽1の御儀を済ませられて全く、了せ給ひしと云ふべし、其儀は文武高等官参集のこと、及び天皇、皇后、皇太子等御拝礼のこと、御服装等のこと、御神楽奉仕の外は、大凡賢所大前の儀と、大同小異なれば、こゝに云はず、賢所に於ての御神楽の初は、一條天皇の長保四年五月五日なること、一代要記に見ゆ、江家次第に内侍所御神楽事、代始被レ奉二四十合一毎月一日被レ奉二例供二十合一云々とあり、禁祕抄にも十二月有二御神楽一但、多隔レ年行レ之近代毎年有レ之新所之時、或被レ行レ之云々、即位始供二神物四十合一とあり、これによれば、中世に始まりしが如くなれども、猶遠き古より始りて、御代始には一さかり盛に行はれ給ひけむかし、［御神楽は天岩戸の故事に起因して、猿女氏の仕へて大御神の御心を和め奉るが本なれば、朝廷にては上古より行はるゝこと申すまでもなけれど、後世転して他の神の前にも行ふことゝなりし故に、里神楽といふ称出来しなるべし、されば朝廷に行はるゝ神楽は、最重き儀にして、殊に御代始の御神楽は、深きゆゑあることゝ知るべし、御神楽の御作法は内侍所神楽部類、また公事

賢所御神楽▽「即位礼後一日、之ヲ行ハセラルルハ、盛儀ノ終了ヲ皇祖ノ神霊ニ告ゲ、且ツ其ノ冥護ヲ謝シ給フノ意ニ出ヅ」「古シヘハ三夜ニ亘リテ行フヲ例トセシガ、明治天皇ノ御代ニハ、一夜ニ止メラレ、登極令附式モ亦タ之ニ依ル」（『大礼記録』）。「現代に続く十二月中旬の恒例の賢所御神楽でなく、登極令によるそれは臨時の賢所御神楽となる。よって古例を調査し、前例は大礼が京都で行われたことで、賢所が東京より京都へ渡御になったが、そのように渡御の場合の例でなされたこととみて、今回は渡御のことはなく、この儀は行われるべき儀ではないとみて行われなかった」（『平成大礼要話』）

根源等に見ゆ、公事根源に、十二月の御神楽のことを、官人庭燎をたく、本末《モトスヱ》の座二行に設けたり、近衛の召人後《ウシロ》にあり、人長《ニンチャウ》末に横座《ヨコザ》なり次第に座に着く、人長進みて軾《ヒザツキ》など敷かせ、鳴高《ナリタカ》しなどいましめて、次第にめす、笛、篳篥、本末の歌、和琴、次第に軾につきて仕奉る、人長おほするに従ひて、笛、和琴、拍子木にさぶらふ、末の拍子、篳篥は末に着く、和琴は位によらず、本の座の上に座す、鈴鹿を給ふ故とかや、よりあひ庭火末はてゝ人長帰り入る云々、などあるにて知るべし」、抑即位の儀式は古語拾遺、旧事紀等によるに、神武天皇の大和橿原宮《かしはらのみや》に於て行はれし御即位式は、盛儀なりしが如し大日本史礼楽志に▽1此時のことを大祖元年正月朔即㆓位於橿原宮㆒天富命、率㆓諸忌部㆒奉㆓天璽鏡剣㆒、天種子命、奏㆓天神寿詞㆒可美真手命帥㆓内物部㆒執㆓矛楯㆒設㆓儀衛㆒道臣命、大久米命、率㆓大伴久目二部㆒護㆓宮門㆒始受㆓四方朝賀㆒元正朝賀即位之礼自ㇾ此而定矣と云へり、上古風俗樸《きじ》▽2にして人文開けざれば其実ありて其名著れざりしこと多かるべし、降りて推古《すいこ》天皇の世大楯及靫を作り旗幟に書きて儀衛を整へ唐礼を採用して漸く古俗を変ず、天智《てんぢ》天皇、学士を集めて即位賀正の諸礼を制し文武天皇に至りて大宝令を定め爾後即位大嘗祭みな其儀に拠れり、此後嵯峨《さが》天皇の世弘仁式内裏式弘仁儀式の撰あり淳和《じゅんな》天皇天長中内裏式を改定し、清和《せいわ》天皇貞観中弘仁式を改定して貞観式二十巻となし又儀式十巻あり、醍醐《だいご》天皇に至りて延喜格式あり、初め、弘仁の制、諸儀を分つて大、上、中、下の四儀となせしがこゝに

▽**大日本史礼楽志に**　「太祖の元年正月朔、橿原宮に位に即きたまふ、天富命《あめのとみ》諸斎部《いみべ》を率ゐて天璽の鏡・剣を奉じ、天種子命天神寿詞《あまつかみのよごと》を奏し、可美真手命《うましまで》内物部《うちつもののべ》を帥ゐて矛楯を執り、儀衛を設け、道臣命・大久米命大伴・来目の二部を率ゐて宮門を護衛し、始めて四方の朝賀を受けたまふ。元正・朝賀・即位の礼此れより定まる。」（『訳註大日本史』）

▽**樸**　うまれつき。すなほ。純真。（木地・生地・素地）

至りて大中小の三儀とし即位の礼を大儀とす、村上天皇に至り延喜式を古として新儀式を制せられ又親ら清涼記を撰み給へり此後一條《いちじょう》天皇以後は朝典一変し白川〔河〕堀河両帝の御代に至り又一変せり、これ大江匡房の江次第ある所以なり此後花山冷泉《かざんれいぜい》の世に至り旧儀やゝ衰替し鳥羽帝以後風俗いよ〳〵頽敗し保元の乱を経て宮闕《きゅうけつ》▽1すたれて、また典礼を問ふもの少なし、されば寿永以後に至りては時に臨みて漸く旧儀を存するありさまなりしが、明治の大御世に至りては、万事神武の古に復へさるゝ叡慮のまゝに、古今内外をも参酌せられ、神武紀元の故儀に則らせ給ひて、万世不磨の令制を定められしは、実に感激の至に堪へざるなり、

大嘗祭は、字音にダイジャウサイと称す、古言にはオホニヘマツリと云へり、ニヘは新饗《ニヒアヘ》の約言なり、続紀二十六に、大新嘗と書けり、この義なり、新嘗祭（シンジャウサイ）も、古くはニヒナヘマツリと云ふ、猶正しく称呼すれば、ニヒアヘマツリなり、嘗は支那にて、秋祭を云ふ字なれば、借りたるまでなり、この祭を大嘗会《だいじょうえ》とも云ふは、節会の方より称するなり、起源は、皇祖天照大御神の新嘗聞食し給ひしに起り、神代以来、歴代の天皇相受、相継ぎてこれを行ひ給ふ所以は、天孫降臨の時に際して、皇祖天照大御神の以二吾高天原所御斎庭《ニキコシメスユニハ》之穂一、亦当《マカセ》レ御《マツル》二於吾児一と宣り給ひし神勅による、此祭は天皇即位の後、始めて新穀を以て、天照大御神及び、天神地祇を奉祭し給

▽宮闕　宮門。禁中。宮城。皇居。

大嘗祭は皇祖に始まり皇祖の神勅によりて行はる

ひて御親も喫し、臣下にも賜ふ一世一度の新嘗なれば年々の新嘗祭に分ちて大嘗祭と云ふなり、諸祭祀中にありて、古来大祀として最重んずるは此祭に限れり、されば荘厳鄭重に行はれ、準備用度の如きも他に其比を見ず、御儀式は古代の御式にて、更に外国風めけること、一節だに加はらざれば、純日本式とぞ云ふべき、其祭日は昔は、年々の新嘗祭と同じく、十一月卯日の祭に始まりて、辰巳の両日の節会及午日の豊明節会に至るまで、四日間に亙れりき、

祭前の斎戒

祭前の斎戒は、大宝令には散斎《あらいみ》三月、［九、十、十一月］致斎《まいみ》三日、［十一月中ノ丑寅卯ノ日］と定められしが、大同三年に散斎を一ヶ月とせられ、八月上旬大祓使を卜定《ぼくじょう》して、五畿七道に遣はし大祓をなし、十月中旬諸国に斎戒の事項、忌詞等を告知し、十月下旬天皇河頭に行幸して、御禊《ごけい》を行はれ、又八月より十月まで、晦日毎に大祓あり、十一月晦日には、在京諸司の触〔解〕斎大祓、十二月上旬には斎郡の大祓を行はれたりき、国家重大の大祀なるを以て斯く天下に大斎戒を行はれし所以なれば、今本令に其御事なしと雖、国民として宜しく注意すべきことなり

新嘗と大嘗との別あるに至るは自然の結果なり

大嘗祭は其儀年々行はるゝ新嘗祭と同じきを以て、天智天皇の御世頃までは大嘗をも新嘗と書き、新嘗をも大嘗と云ひて区別なかりき、思ふに、こは自然の結果として、即位の最初に行はるゝ新嘗祭は盛大となり、年々のは縮小せられて、後世の如く定りしならむ、祭祀令第十七条に、新嘗祭ハ大嘗祭ヲ行フ年ニハ之ヲ行ハズと、規定せら

る、以て同儀なるを知るべし、但年々の新嘗祭は、神嘉殿《しんかでん》に於て、御親祭あらせらるゝことなるが、大嘗祭に至りては、悠紀主基《ユキスキ》の地方を撰定し、大嘗宮を建設せられ、其規模の広大なること、次に規定せられたるが如し、

大嘗宮、

大嘗宮《タイシヤウグウ》は悠紀主基《ユキスキ》の両殿より成る大嘗祭を行はせらるゝ正殿の名なり、古制を考ふるに、祭に先つこと七日、始めて地鎮祭を行ひて、斎鍬《イミクワ》、斎斧《イミヲノ》を以て工を起し、五日間に造り畢る、［其材料は、山神を祭りて、木を採り、野神を祭りて、萱を苅り、之を予め北野の斎場に運置して、準備し置くなり、斎場のこと、第十条に云ふべし］東西二十一丈、南北十五丈、之を中分して東を悠紀院、西を主基院と為す、繞《めぐ》らすに柴垣を以てし、隔つるに屏籬《へいり》を以てす、垣の四方に黒木《クロキ》の鳥居を建つ、其内に悠紀、主基の両殿を建つ、長四丈、広一丈六尺［後世に至り、五間に三間なり］総て黒木を以て構へ、黒葛を以て結び、青草《あをがや》を以て葺く、席《むしろ》を天井となし、草《かや》を壁蔀《かべしとみ》となし、地に束草《あつかぐさ》を舗き、簀《す》を繋き席を敷き、白端《しらべり》の御畳《おんたたみ》を席上に加へ、坂枕《さかまくら》を畳の上に施す、北方を内陣とし、南方を外陣とす、東西南の三面、葦簾《あしのすだれ》あり、主基殿も亦、これに同じ、別に廻立殿あり、［天皇沐浴し給ひて、祭服を著け給ふ所］膳屋《かしはや》盛膳所あり、神服楉《しもと》棚あり、臼屋《うすや》あり、以て其素朴なる古儀を思ふべし、

大嘗宮地

大嘗宮地は古来一定せず、或は太政官院に、或は豊楽院《ぶらくいん》に設く、然れども多くは大極

大嘗宮の儀

十一月に新嘗の行はれしこと

殿龍尾道の前なりき降て東山《ひがしやま》天皇以後は、都《すべ》て紫宸殿の前庭に定められたれども、この御令にては、別に良地を選定し給ふことなるが如し

古儀によれば、卯日夜に入りて、天皇廻立殿に行幸ありて、沐浴し祭服を着け給ひて後、悠紀の正殿に御す、小忌大忌の群官参入の後、吉野国栖《ヨシノヽクズ》は古風▽[1]を奏し、歌人は国風を奏し、語部《カタリベ》は古詞を奏し、隼人は風俗の歌舞を奏す、次に天皇親ら神饌、神酒を神祇に供し、亦自ら御饌を喫し給ふ、畢て廻立殿に還御し、更に沐浴して服御を改め主基の正殿に御す、国栖以下の奏、薦享の式、凡て悠紀殿に同じきなり、かくて、其翌、辰日には悠紀の節会あり、巳日には主基の節会あり、其夜は神宴、御遊《ぎょゆう》あり之を清暑堂御神楽と云ふ、午日には豊明節会ありき、［この三節会のことは、第十五条のところにて云ふべし］、

「秋冬ノ間ニ於テ之ヲ行フ」とは「其時期を明示せられしにて、新穀の熟したる時に行はるゝは、太古よりの定なり、高橋氏文にも十一月に新嘗の行はれしこと見ゆれば、景行天皇頃に既に十一月に定りしにや、仁徳天皇紀にも新嘗之月とあり、これ其月のはやく定りしを証すべきか、古例に拠りて推す時は上に云へる如く、大嘗祭は新嘗祭の当日を以て行はせらるべければ、即位の礼は十一月中旬以後なりとす」別式によりて、大嘗宮に於ける次第を伺ふに、当日天皇皇后には同宮に於ける頓宮に着御あらせ

▽古風　「いにしへぶり」（『平成大礼要話』）、「こふう」（『皇室制度講話』）

頓宮
小忌衣
日蔭蔓
心葉
麻鞋
葈脛巾
天皇小忌の湯を召す

られ、［頓宮《とんぐう》とは仮宮《かりみや》なり、これによりて大嘗宮の位置は、御所以外の地と知るべし、］儀仗兵は正門に整列し、大礼使の高等官束帯して平胡籙を負ひ、弓を持ち、小忌衣［小忌はヲミと称す、小忌官人著するによりてなり、山藍を以て模様を青く摺るによりて青摺《アヲズリ》と云ひ、専ら祭祀に用ゐるにより斎服とも云ふ、小忌を著する時は、日蔭鬘《ヒカゲノカヅラ》或は日蔭絲《ヒカゲノイト》を纏ひ、心葉《コヽロバ》を附するなり、心葉とは冠の巾子《ゴシ》▽1に著くる模造の花枝なり、日蔭絲とは、白絲又は青絲などを組て、心葉に結び付けて、冠の左右に垂るゝものなり、もと山陰の清き所に生る蔓を用ひしなり］を加へ、日蔭蔓を著けて、南北両面の神門［鳥居なり］の外掖に左右各三人づゝ、東西両面の神門の外掖に、左右各二人づゝ、［合二十人］衛門の本位に就き、また南神門内掖に左右各六人づゝ、威儀の本位に就く、掌典長以下悠紀、主基両殿の神座を奉安し、繒服《ニギタヘ》、麁服《アラタヘ》［これ神の御服なり、繒服《ニギタヘ》は絹にて、麁服《アラタヘ》は布なり、昔は繒服は神服使を三河国に使はし［今宝飫郡▽2赤日子神社の地］絲及び女工を徴して上京し、神服殿にて之を織らしめ麁服は阿波国忌部より献らしめらる、麁服京に向ふ日は路次の国に祓す、以て其重きを知るべし］を両殿の神座に安し、斎火の灯燎を点じ、庭燎を焼《た》く、［この火炬子▽3の服装は、冠細纓、緌、桃華染布衫《あらぞめぬののひとへぎぬ》、白布《ノ》単、白布《ノ》袴、白布《ノ》帯、葈脛巾、麻鞋▽4なり、麻鞋《アサノクツ》は麻にて製る、下部の者の歩行に易ければ也、葈脛巾《ヲノハヾキ》▽5は、葈にて造る、脛巾《ハヾキ》は今の脚絆《キヤハン》の類にてムカバキとも云ふ］時刻到れば［新嘗祭の例によれば午後六時頃なるべし］天皇廻立殿に渡御ありて、小忌《ヲミ》の御湯を召し、［小忌、大忌、と云ふこ

▽巾子　こじ。

▽宝飫郡　後の宝飯郡。

▽火炬手「クワコシユ」(『大礼記録』)、「ひたき」(『大礼要話』)、「ひたきて」(『平成大礼要話』)

▽麻鞋「まかい」(『昭和大礼要録』)

▽葈脛巾「いちひのはばき」(『昭和大礼要録』)

御幘
御衵
石帯
襪

とあり、即ち小斎大斎なり、厳なる斎戒をなすを小忌《ヲミ》とし、麁なる斎戒をなすを大忌とす、天皇にはこれより先大忌《おほみ》の湯ありこゝに至りて、小忌の御湯を召し給ふなり、小忌をなして、小忌衣を着する人は、天皇沐浴の後は、大嘗宮及、廻立殿に入ることを得れども、大忌の人は入ることを得ざるなり」御祭服を著け給ふ、その御装束は御幘《おんサク》とて、白絹にて御冠の纓を、巾子の前へ、二折にして結ばせ給ふ、これは重き神祭の時に於ける天皇の儀式なり、御斎衣《ごさいい》に、御《おん》下襲《したかさね》、御衵《おんあこめ》、御単《おんひとへ》、御表袴《おんうへのはかま》、御大口《おんおほくち》、御石帯《おんいしのおび》▽1、御襪《おんしたうづ》なり、「石帯は皮にて作る、金、石、玉、角等を以て銙《か》を着く、銙の方なるを巡方《じゅんぽう》と云ひ、円なるを丸鞆《まるとも》と云ふ、玉帯角帯などの名あれども、多くは石を以て飾れば、惣じて石帯と云ふなり、襪はシタウヅと云ふ、内沓《シタグツ》の義、其製今の足袋にて股なきなり、衵はアコメと云ふ、間《アヒ》にこめて着るよしの名なり、其製、衣《キヌ》の体にて短し袷と、単なるとあり、御単の表に着給ふなり」、其供奉諸員、皇太子以下の方々も、束帯に小忌衣を加へ、日蔭蔓を着けらる、次に皇后にも渡御し給ひて、御服を改め給ひ皇太子妃以下、供奉のものも、五衣、唐衣に、日蔭蔓並心葉を着く次に、朝集所に参集の文武高等官、南神門外の幄舎に就く、次に膳屋「第四条に云へり」に楽官のもの、稲舂《いなつき》歌《うた》「昔は造酒児《サカツコ》、稲実公ら、臼《ウス》の側に立ち、八乙女《ヤヲトメ》臼を一回右旋しつゝ、微声に歌ひたりきを」発すれば、掌典神饌を調理し、南庭の帳殿《ちょうでん》に庭積《ニハツミ》の机代物を安けば、掌典長本殿に参進、祝詞を奏す、奏し畢れば、天皇には廻立殿より徒跣▽2して、大嘗宮に進御あらせら

▽石帯　セキタイ。

▽徒跣　かちはだし・トセン。すあし、はだし、はだしで歩く。

る、此夜警蹕せず、又高声を発せず、御路には布単《ふたん》▽1を鋪き、其上に葉薦《ハコモ》を鋪く、式部長官、宮内大臣前行し、御前侍従剣璽を奉じ、御後侍従菅蓋《スゲガサ》を捧持し、御綱《ツナ》を張る、侍従長以下御後に供奉す、此時掌典長は本殿南階の下に候す、侍従長剣璽を奉じ南階を昇り、外陣の幌内の御案上に奉安して退下、簀子《スノコ》に候すれば、天皇は外陣の御座に著御し給ふ、［供奉の諸員は、本殿南庭の、小忌の幄舎に著床するなり］次に皇后には、皇后大夫以下の供奉によりて、南庭の帳殿に進み給ひて、着御あれば、大礼使の高等官は楽官を率ゐ、悠紀主基の地方長官も、地方の楽官を率ゐ南庭に参入し、先づ国栖《クズ》の古風を奏し、次に悠紀地方の風俗歌を奏す、［国栖の古風とは、應神天皇吉野に行幸し給ひし時、国栖人▽2参来りて、醴酒を献りて歌ひしに起り、爾来朝廷の節会の時には参りて歌笛を奏し、土物を進ることとなり、儀式に践祚大嘗祭儀条に国栖十二人云々、奏㆓古風㆒五成とあり、古事記伝に小右記に寛弘八年正月一日乙亥云々、無㆓国栖奏㆒依㆑不㆓参上㆒也、近年如㆑之云々と見えたれば、このほどより参入して仕奉ることは絶えたるなり、此後、江次第其他のものに、国栖奏㆓歌笛㆒と記したるは真の国栖人に非ず、只其まねびのみなり、公事根源に今の国栖の奏とて、歌をうたひ笛を吹き鳴らすは、吉野より年始にまゐりたりと云ふこゝろなり、近代年中行事細記に、国栖奏㆓音取《子トリ》㆒平《ヘウ》調《チョウ》と云へり、楽人笛の音取を吹き、其まねびをするなりとあり、これらによれば、この御令の国栖の古風も、宮内省の楽員、そのまねびをするなるべし、風俗歌とはもと諸国に行はれし歌謡にして、

▽布単「ぬのひとへ」(『皇室制度講話』)

▽国栖人「十九年の冬《ふゆ》十月《かむなづき》の戊戌《つちのえいぬ》の朔《ついたちのひ》に、吉野宮《よしののみや》に幸《いでま》す。時《とき》に国樔人《くずひと》来朝《まうけ》り。因《よ》りて醴酒《こざけ》を以《も》て、天皇に献《たてまつ》りて、歌既《うたよみすで》に訖《をは》りて、則ち口《くち》を打《う》ちて仰《あふ》ぎて咲《わら》ふ。今《いま》国樔《くずひと》、土毛《くにつもの》献る日《ひ》に、歌訖《うたよみをは》りて即《すなは》ち口を撃《う》ち仰ぎ咲《わら》ふは、蓋《けだ》し上古《いにしへ》の遺則《のり》なり。夫《そ》れ国樔は、其の為人《ひととなり》、甚《はなは》だ淳朴《すなほ》なり。(中略)故《このゆゑ》に、京《みやこ》に遠《とほ》からずと雖《いへど》も、本《もと》より朝来《まうく》ること希《まれ》なり。然《しか》れども此《これ》より後《のち》、屢《しばしば》参赴《まうき》て、土毛《くにつもの》を献る。其の土毛は、栗《くり》・菌《たけ》及《およ》び年魚《あゆ》の類《たぐひ》なり」(日本古典文学大系『日本書紀』)

後、曲調のよろしきものを撰びて、朝家の謡物《ウタヒモノ》となしゝなり、古来フウゾク[▽1]と字音に称す、大嘗祭の時には、悠紀主基の両地方より、其地方の風《フリ》の歌舞を奏ずる例なり、されば、此御令にても両地方人の奉仕することとなるべし」奏し畢りて、皇后御拝礼ありて、廻立殿に還御し給ふ、皇太子、親王、王には拝礼ありて、本殿に参進、南階を昇りて簀子に候せらる、次に本殿南庭の廻廊に神饌の行立あり、神饌の行立とは、神饌及御直会祭具等を予《かね》てはこびおくことなり、其儀先づ脂燭につゞきて削木《けづりき》、［大嘗会神饌調度之図に、長三尺とあり白杖なり」海鰭盥槽《エヒハタノ》[▽2]［土の御手洗の具なり、蝦の鰭《ハタ》に似たる手左右に着く、大嘗会指図に長一尺三寸一分、鰭長各二寸四分、高四寸八分とあり」多志良加《タシラカ》［壬生家記に土水瓶なりとあり、御手水を入るゝ器にして手を清むる土器《シラカ》の義なるべし」御刀子筥《おんかたなばこ》［同記に御楊枝筥、中ニ御楊枝二、小刀、ハラスベ十筋、筥ハ竹ヲマゲテ本トシ黒木桂ニテツクルナリ、とあるものと同物なるべし」御巾子筥《おんたなごひばこ》［同記に俗に手ヌグヒナリ、とあり、御手拭を容れたる筥なるべし」神食薦《カミノスゴモ》、御食薦《オンスゴモ》[▽3]［大嘗会神饌調度之図に、神食薦《カミノスゴモ》悠紀一枚、主基一枚、長四尺付㆓木綿㆒、但切㆓白紙㆒而二所付貫㆑之、あみめ五所あり、御食薦《オケコモ》悠紀一枚、主基一枚、長四尺不㆑付㆓木綿㆒あみめ五所ありとあり、神食薦《カミノスゴモ》は神の御食を献り、御食薦は天皇の御食を供ふるに用ゐるなり、食薦とかくは御食に用ゐるよりなり、スコモと称ふべし」御箸筥《おんはしばこ》、［壬生家に、竹の箸六ツヲ入、五ツハ神の料、一ツハ御直会料、竹一筋ヲ引マゲテ、裏上ヲ絲ニテカケタリとあり、大嘗会神饌調度之図によるに青竹にて長一尺七寸

▽**風俗歌**「ふぞくうた」（『平成大礼要話』）

▽**海鰭盥槽**「えびのはたふね」（『昭和大礼要録』『大礼要話』）

▽**御食薦**「みすごも」（『昭和大礼要録』『平成大礼要話』）、「みけこも」（『大礼要話』）

の節一あるを押曲て作る也、筥は黒葛筥にて長九寸横三寸也〕御枚手筥〔同記に中ニ平手あり、葉ヲカサネ上下丸ク折、竹グシサシトメタリとあり、ヒラテは葉盤と書く、クボテの深きに対して平《ヒラ》手と云ふ〕、御飯筥、〔同記に窪《クボ》手ニモル稲米粟なりとあり、筥は黒葛筥にて、長一尺一寸五分、弘八寸五分高六寸五分なり、但、生物筥、干物筥、菓子筥等は、各一尺一寸五分、弘八寸五分、高三寸のよし、調度之図に見ゆ〕鮮物筥〔同記に窪手に入る、土器四枚あり、甘干鯛、鮓鮑、雑魚鮓、醬鮒とあり〕、干物筥〔同記に、窪手に入、蒸鯛、干鯛、干堅魚、鰺とあり〕御菓子筥〔同記に、窪手に入、干棗、搗栗、生栗、干柿とあり〕鮑汁漬、海藻汁漬、空盞、御羹八足机《やつあしづくゑ》〔御羹《オンアツモノ》を据うる机なり、御羹は同記に、蚫和布とあり、机は大嘗会神饌調度之図に、一案は長二尺二寸、弘一尺、高一尺八寸、一案は長一尺五寸、弘一尺、高一尺四寸一分とあり、〕御酒八足机〔同図に、一案は、長三尺八寸、弘一尺八寸、高一尺八寸、一案は長三尺五寸、弘三尺、高一尺八寸とあり、壬生家記に、御酒は清酒黒白なりとあり〕御粥八足机〔同記に御粥、稲、米、粟なりとあり〕御直会八足机の次第にて掌典以下これを奉仕するなり、かくて次に天皇内陣の御座に著御、御手水ありて、掌典以下の行立せし神饌を、御親供遊され、御拝礼御告文を奏し、次に御直会あらせられ、次に陪膳の女官神饌撤下を奉仕し、次に御手水あらせらる、次に廻廊の神饌を膳舎に、行立撤下し畢れば、天皇には進御の時と同一の供奉にて、一度廻立殿に還御あらせられ、更に時刻到るを待ち給ひて、御沐浴あり、御

▽**各筥等の読み**　御飯筥（ごはんのはこ）、干物筥（からものはこ）、御菓子筥（おんかしのはこ）、鮮物筥（なまもののはこ）『皇室の制度典礼』▽葛筥（くづばこ）御飯筥（ごはんばこ）、干物筥（からものばこ）、御菓子筥（おんくだものばこ）、鮮物筥（なまものばこ）『昭和大礼要録』▽御飯筥（おものばこ）、干物筥（からものばこ）、御菓子筥（おんこのみばこ）、鮮物筥（なまものばこ）『平成大礼要話』▽鮑汁漬（あはびのしるづけ）、海藻汁漬（めのしるづけ）、空盞（こうさん）『昭和大礼要録』▽鮑汁漬（あはびのしるづけ）、海藻汁漬（もはのしるづけ）、『皇室の制度典礼』

皇后廻立殿に渡御帳殿にて御拝あるは明治の新制なり

祭服のことありて、主基殿に進御あらせらるゝこと［新嘗祭の例によれば、二十四日午前一時なるべし］其儀更に悠紀殿と異ることなし、抑、この御儀たるや、我国太古より行はせらるゝ所の最鄭重なる大典たり、只この新令に新に見るものは、皇后の廻立殿に渡御ありて、帳殿まで進ませられ、御拝あることこれなり、前条にも述べたる如く、上古は年々の新嘗祭と其称呼さへも別たざりし有状なれば、現今に至りても、神嘉殿にて行はせらるゝ新嘗祭の御式と、大異なし、但、新嘗祭には、皇后の渡御はあらせられざるなりと承る、

第五条　即位ノ礼及大嘗祭ヲ行フトキハ其ノ事務ヲ掌理セシムル為宮中ニ大礼使ヲ置ク
大礼使ノ官制ハ別ニ之ヲ定ム

古は即位の礼と大嘗祭とは別時なれば掌理の官員は別なり

古は即位の礼と、大嘗祭とは、別時に行はれしを以て、其事務を掌理するものも別々に定められき、即位の御時は、内弁《ないべん》▽1には大臣、外弁《げべん》▽2には中納言、褰帳《けんちょう》▽3には女王、擬侍従には三四位のもの、宣命使には中納言、典儀には少納言、この他賛者、焼香等を命ぜられて、庶事に当らしめられ、大嘗祭の時は検校、行事を置かれ検校は祭典に関

▽**内弁**　古代、即位または朝賀などの重要な節会に、承明門内で諸事をつかさどった主席の公卿。

▽**外弁**　門外で諸事を指揮した第二位の公卿。

▽**褰帳**　即位礼・朝賀の時、高御座の御帳をかかげること。またその役に当たる人。

する一切のことを監査董督し、大中納言参議を以て充てられ、行事は悠紀、主基に分ちて、各其事を分掌せしめ、弁官を以て充てられしなり、この新令にては、大礼使を置かれて、一切の事務を弁理せしめらるゝことにて、長官、次官以下、高等官、判任官に至るまで、多数の人員を要することとなるべし、

第六条　即位ノ礼及大嘗祭ヲ行フ期日ハ宮内大臣国務各大臣ノ連署ヲ以テ之ヲ公告ス

本条は期日公告の手続を規程せられしなり、国務大臣の連署するは重き儀なればなり、大宝の制は七月以前受禅即位は当年行事し其以後は明年行事なり▽1また古は即位を行はるゝ日は、吉日を撰定せられ、大嘗祭は十一月卯日に始まり、辰巳両日の節会及午日豊明節会に終りしこと、上条に云へるが如し、

▽延喜式・践祚大嘗祭「凡そ践祚大嘗は、七月以前に即位せば、当年事を行い、八月以後ならば、明年事を行え〈これ受譲の即位に拠る。諒闇《りょうあん》の登極《とうぎょく》を謂うに非ず〉。その年預め所司をして悠紀《ゆき》・主基《すき》の国郡を卜《ぼく》定《じょう》せしめ、奏可《そうか》訖《おわ》らばすなわち下知し、例《れい》によりて准擬せよ。また検校・行事を定《さだ》めよ。」（『延喜式・上』）

第七条　即位ノ礼及大嘗祭ヲ行フ期日定リタルトキハ之ヲ賢所皇霊殿神殿ニ奉告シ勅使ヲシテ神宮神武天皇山陵並前帝四代ノ山陵ニ奉幣セシム

期日奉告の儀

この条は、大礼の日定まりぬる時は、賢所と、皇霊殿と神殿とに、奉告祭を行はせられ、神宮と、神武天皇山陵と、前帝四代の山陵とに、奉幣せしめらるゝ旨を規定せられたるにて、附式第二編の「賢所ニ期日奉告ノ儀」を拝見するに、文武高等官有爵者みな参集し、天皇には御束帯にて出御、皇后には御五衣、御小袿、御長袴にて出御、同じく御手水ありて、賢所御内陣の御座に着御、御拝礼、天皇は御告文を奏し給ふ、此時侍従剣璽を奉じて、外陣に候し侍べり、御鈴は内掌典、掌侍奉仕するなり、［江家次第に主上召二御笏一御拝両段再拝、訖《テ》女官引レ鈴鳴レ之三度とあり］ 次に皇太子、同妃、以下拝礼、次に両陛下入御とあり［皇霊殿と神殿とへ、期日御奉告の御儀も、賢所の式に同じ］▽1 以下

神宮以下四陵へ勅使発遣の儀

次に神宮、神武天皇、並前帝四代の山陵に、勅使発遣の御儀を拝見するに、当日先づ御殿を装飾せられ、大礼使高等官、内閣総理大臣等着床。次に勅使衣冠帯剣烏皮履《クリカハグツ》にて着床、次に天皇は御引直衣《ナホシ》［御引直衣は天子の褻の御服なり、其製縫腋の袍に同じけれども、

御引直衣

▽賢所の式に同じ　皇霊殿神殿では「御鈴ノ儀ナシ」

当色なし」にて出御、此時式部長官、宮内大臣、衣冠にて前行、侍従衣冠にて御剣を奉じ、侍従長侍従等衣冠にて御後に候す、天皇幣物を御覧せられ、

神宮への勅使に勅語を給ふ

次に神宮参向の勅使を召させられ、宮内大臣を経て、御祭文を授けられ、勅語を賜ふ、勅使つゝしみて、幣物を奉じて、御殿を辞し下れば、式部官警蹕を称す、次に神武天皇山陵、前帝四代の山陵に、参向の勅使を順次に召して、御祭文を賜ふこと前の如し、勅使幣物を奉じて、御殿を辞し下れば、同じく警蹕あり、かく神宮の勅使にのみ、勅語あるは、特に神宮を尊崇し給ふ叡慮なり、斯くて、勅使神宮に参りての奉幣の儀は、神宮の祭式によられ、山陵に参られての奉幣の儀は、皇室祭祀令附式の山陵奉幣の式に依らる、凡て、事の前に於て神を祭るは、我国古来の風にして、特に御即位の御事たるや最重大の御儀なるを以て、先之を祖宗に告げ賜へるなり、この御盛儀を拝して、天皇の祖宗に対し奉りて、至誠慇懃到らざる所なきを見て、感激せざらんとして得んや、

御即位の日定まりし時は大祓を行はせらる

古は御即位の日の定りし時は、先づ建礼門にて大祓を行はせられ、天皇には建礼門まで、行幸遊ばされて、［後には神祇官］御即位あるべき由《ヨシ》を伊勢大神宮へ奉告の為に、奉幣使を発せられしなり、

由の幣帛

これを由の幣帛と称す、醍醐天皇には諸神社へも奉幣使を発せられたり、山陵へは必、勅使を発して、申告せられ時には御外戚等、最も御親き功臣の墓へも、御使を以て告げさせられたることも有り、今回の御令も、これらの古例

山陵

を参酌して、御定めあらせられたるなるべし、
帝皇の冢墓▽1を山陵と申すは、令義解に帝王墳墓、如レ山如レ陵、故謂二之山陵一とあるが如く、其規模広大なればなり、仁徳天皇の山陵の如きは、周囲十町に余り、高十七間余もあり、平安朝以後は、上古の如く壮大ならず、四陵とは、先帝以前三代の帝の陵を云ふ、祭祀令にこの四帝の式年祭は、大祭▽2に加へられたり、

第八条　大嘗祭ノ斎田ハ京都以東以南ヲ悠紀《ユキ》ノ地方トシ京都以西以北ヲ主基《スキ》ノ地方トシ其ノ地方ハ之ヲ勅定ス

斎田　抜穂田

斎田とは、斎み清まはりたる田の義にて、悠紀及び主基の地の、抜穂田《ヌキホダ》を云ふ、この両斎田は、古は抜穂使をして卜定せしめ、其卜《ウラ》に合へる御田の四方に、木綿《ユフ》を懸けたる榊を立て、人をして之を守らしめしなり、

悠紀地方主基地方

悠紀、主基とは、大嘗祭に神に献り給ふ、両回の御饌の名にて、先づ献り給ふ御饌を、悠紀の御饌と称し、次に献り給ふを、主基の御饌と云ふ、その御饌を献り給ふ為に、二つの宮殿を設けらる、これを悠紀殿、主基殿と云ふ、而して其悠紀の方を担任する国を、悠紀の国と云ひ、主基の方を担任する国を、主基の国と云ひて、其国郡司が一切の諸事を負荷せしなり現今にては、府

▽冢墓　チョウボ。はか。
▽大祭　皇室祭祀令第九条に規定の大祭は、元始祭（一月三日）、紀元節祭（二月十一日）、春季皇霊祭（春分日）、春季神殿祭（春分日）、神武天皇祭（四月三日）、秋季皇霊祭（秋分日）、秋季神殿祭（秋分日）、神嘗祭（十月十七日）、新嘗祭（十一月二十三日ヨリ二十四日ニ亙ル）、先帝祭（毎年崩御日ニ相当スル日）、先帝以前三代ノ式年祭（崩御日ニ相当スル日）、先后ノ式年祭（崩御日ニ相当スル日）、皇妣タル皇后ノ式年祭（崩御日ニ相当スル日）。第十条に「式年ハ崩御ノ日ヨリ三年五年十年二十年三十年四十年五十年百年及爾後毎百年トス」「神武天皇祭及先帝祭前項ノ式年ニ当ルトキハ式年祭ヲ行フ」

悠紀、主基の意義

県の制なるを以て、悠紀の地方、主基の地方と定められて、京都の東南部の府県中にて、一府県を撰み、京都西部の府県中にて、一府県を撰定せられ、▽1その府県の地方官をして、名誉なるこの神事に当らしめらるゝなり、悠紀の言義は忌清《ユキ》の義、主基の言義はそれに次ぐ義［ツとスと通音の例多し］と云ふ説、古くよりあることなれども、本居翁は悠紀は忌清《ユキ》、主基は濯清《スキ》の義と説かれたり、神を祭るには、清潔を主とすべきは、勿論なれども、殊に重き典礼なれば、一しほ潔斎せらるゝなり、斯く京都より東西に両分して、其地方中より一地方を撰定せらるゝは、古来の慣例に拠らせられたるにて、古は亀卜《きぼく》によりて、両国郡を定めしが、中世以後は、近江を悠紀の国とし、丹波と備中とを交番に、主基の国と定めて、郡のみを卜定することゝなれり、この新令によれば、賢所に於て点定の儀ありて両地方を勅定あらせらるゝなり、（玉勝間に、悠紀、主基は必、京都より東と西なる国を定めらるゝやうに見えたれども、さしもあらざるにや、神亀元年の度は、由機《ユキ》備前国、須岐《スキ》播磨也、天平神護元年の度は、由機美濃、須岐越前の国なりきとあり、これらは、一時の変制にして今回この新令にて、東西に両分せられしは、誠に忝き御事なりかし）、

▽悠紀主基　東京で執りおこなはれた平成の大嘗祭に際しては、「新潟、長野、静岡の線で、国内を東西に二分して、その三県を含む東側を悠紀の地方、それより西側を主基の地方と定めた。」（『平成大礼要話』）

第九条　悠紀主基ノ地方ヲ勅定シタルトキハ宮内大臣ハ地方長官ヲシテ斎田ヲ定メ其ノ所有者ニ対シ新穀ヲ供納スルノ手続ヲ為サシム

悠紀、主基の御饌を負荷する府県を、勅定せられたる時は、宮内大臣は地方長官をして、斎田を定め、点定せられたる斎田所有者より、新穀を供納する手続をなさしむとなり、古は悠紀、主基共に、斎田は六段にて百姓の営田を用ゐられ、其代に百姓には、正税を賜ひしなり、

斎田抜穂の儀

第十条　稲実成熟ノ期至リタルトキハ勅使ヲ発遣シ斎田ニ就キ抜穂ノ式ヲ行ハシム

抜穂《ヌキホ》の式とは、斎田に至りて供御に用うべき御饌御酒等を造るべき御稲を、抜き採る式を云ふ、別式斎田抜穂の儀によるに、先づ大礼使高等官、地方高等官等抜穂田の斎場に臨み、勅使たる抜穂使衣冠にて斎場へ参進、随員神饌幣物を献り、使、祝詞を奏

し、次に、抜穂の儀を行ひ、次に神饌幣物を撤して退下とあり

抜穂使稲穂を抜く

古は、八月に神祇官にて、抜穂使たる人を卜定し、太政官に申して、悠紀主基の両国へ遣す、抜穂使は其の国に至りて国司を率ゐて斎郡にて、郡司百姓に大祓を行ひ、而して田及斎場雑色の人を卜定し、卜に合へる斎田には、木綿《ユフ》を着けたる榊を田の四角に立て人夫をして守らしめ、物部、造酒童子《サカツコ》、稲実公《イナミノキミ》、大酒波《サカナミ》、大多未《ノ》酒波、粉走《コハシリ》、相作《アヒツクリ》、焼灰《ハヒヤキ》、採薪《カマキコリ》、歌女《ウタメ》等を定め、また方十六丈の斎院を構へ、柴垣を回らし葦楉を編て扉とし、四方に榊を刺す、其建つる所の諸舎は、皆黒木を以てし、葺くに草を以てす、九月に至り抜穂使は川辺に大祓を行ひ、斎田に入りて御稲を抜取る、其抜取る順序は、先づ造酒童子、次に稲実公、次に酒波、次に物部、次に雑色等にて、共に抜取り訖れば、若干束となして斎院に乾し、其中の先抜きし四束を別に納め、供御の飯に擬し、自余を黒白二酒に擬し、一束づゝ籠に盛り、二籠を一荷となし、荷毎に足を著け、編茅を蓋とし、榊を挿し、木綿を着け、駈使丁に荷はしめ、卜部、国郡司等、前後検校して京に運送す、其行列は御飯稲を前とし、稲実公、木綿鬘を著けて之を導くなり、斯くて九月下旬京の斎場に至れば、在京の官人、麻と塩湯を以て、南門に迎へ祓ひ、蹔く院外の権屋《カリヤ》に収むるなり、

斎場院

京の斎場院は京の北野に其地を卜して構造せらる、悠紀の斎場は東に、主基の斎場は西にありて、其方四十八丈、四方に木綿を著

けたる榊を立つ、其結構、皆黒木を以て造り草を葺く、悠紀主基に関する諸般のことは、皆此斎場にて準備し、十一月大嘗祭の当日にこの斎場より大嘗宮に運び送りたりしなり、

第十一条　即位ノ礼ヲ行フ期日ニ先ダチ天皇神器ヲ奉シ皇后ト共ニ京都ノ皇宮ニ移御ス

この条は、皇室典範第十一条に、即位ノ礼及大嘗祭ハ京都ニ於テ之行フ、とあるに拠らせられたるなり、神器ヲ奉シとは、剣璽は申奉るまでもなく、更に賢所を奉遷あらせらるゝなり、別式によりて京都行幸の御儀を伺ひ奉るに、先づ賢所御殿に、大礼使、高等官着床、開扉献饌掌典長祝詞奏上ありて、次に侍従衣冠にて天皇の御代拝を仕へ、次に女官袿《ウチギ》▽1袴にて皇后の御代拝を仕ふ［袿は打著の義、裳、唐衣を着せざる時の表衣《ウハキヌ》なり］次に撤饌ありて、御車を南階に着し、賢所を乗御し奉り、第一公式鹵簿《ろぼ》▽2にて賢所、天皇、皇后の御順序にて、宮城より出御、停車場に到らせられ、掌典長、掌典は、衣冠にて供奉しまゐらするなり、停車場には、皇太子以下皇族参着、文武高等官等参集、奉迎し御発軔《はつじん》▽3を待ちて奉送す、京都に着御あらせらるれば「在京都の皇族文武官奉迎

▽**袿**　うちき。
▽**鹵簿**　大正十五年の皇室儀制令第二十三条に「天皇ノ鹵簿ハ第一公式第二公式第三公式及略式トス」。第一公式については「重大なる朝儀即ち今日では登極令中の京都に行幸の儀に用ゐさせられる。尚憲法発布式、第一回帝国議会開会式に用ゐられた第一公式といふのは、皇室儀制令では第二公式のことである」（『皇室事典』）。「儀制令制定以前は此の鹵簿（第二公式）を第一公式と称へたり」（『皇室制度講話』）
▽**発軔**　車を動かし始めること。「軔は車を止める木。軔を取り除けば輪が転じて車が行く。」（『大漢和辞典』）

し、皇宮に入御せらるゝや、賢所は春興殿に渡御あらせらる、」かく京都へ行幸ありて、この大典礼を挙げさせらるゝは、誠に深き叡慮の有らせらるゝ所なるべく、而して、賢所をも奉遷あらせらるゝは皇祖同殿共床以為斎鏡と宣らせ給ひし神勅に因らせ給へる所以にして昔は必、忌部のこれを献りし古例にして、此器と離れさせ給ひては、即位の御式は挙げさせ給ふことを得ざる、深き遠き皇祖の大詔を体し給へる大御心と伺ひ奉るだに、畏きことなりかし

第十二条　即位ノ礼ヲ行フ当日勅使ヲシテ之ヲ皇霊殿神殿ニ奉告セシム
大嘗祭ヲ行フ当日勅使ヲシテ神宮、皇霊殿、神殿、並官国幣社ニ奉幣セシム

即位の礼当日皇霊殿神殿へ奉告の儀

御即位の礼を行はるゝ当日、皇霊殿と神殿とに勅使の御事あるは、東京に残り給へばなり、古は即位と大嘗祭とは、別時に行はれたれば、即位後に於て即位奉告の為に、天神地祇に奉幣ありき[即位前に於て、伊勢神宮へ御使ありしこと、第七条に云へり]持統紀に、朱鳥四年正月戊寅朔、皇后即㆓天皇位㆒庚子班㆓幣於畿内ノ天神地祇㆒云々、続日本

神宮皇霊殿神殿官国幣社へ勅使差遣

紀二十一（淳仁）天平宝字二年八月庚子朔、皇太子受レ禅。即二天皇位於大極殿一戊午云々、大神宮及天下諸国神社等、遣使奉幣、など多く見ゆ、これ令義解に、凡、天皇即位総祭二天神地祇一とある如く、古来の定例なり、而してまた大嘗祭の御時にも、更に諸社に奉幣あり、延喜式によるに、大嘗会を行はるゝ年の八月、先づ大祓使を五畿七道に［各一人］遣し、天下を解除し、続で奉幣使を諸社に派遣せられき、然るに此御令にては、即位の礼を行はれし後に於て、引続きて大嘗祭を行はせらるゝを以て、即位の礼を行はるゝ当日は、皇霊殿、神殿へ奉告せられ、大嘗祭の当日、更に同両殿をはじめ、伊勢神宮以下官国幣社へ勅使を発遣して、奉幣あらせ給ふことゝ定められしなり、

別式によるに、即位当日、皇霊殿神殿奉告の儀は、掌典次長祝詞を奏し、侍従勅使として、拝礼御祭文を奏するなり、［当日の賢所大前の儀は、第四条に云へり］大嘗祭当日賢所の儀は、侍従の御代拝にして、神宮皇霊殿、神殿奉幣の儀は、奉告の時に準じ、神宮に奉幣は、神宮の祭式に拠られ、官国幣社への勅使奉幣▽1は、山陵勅使発遣の式に準ぜらる、但、地方にありては、場合によりて地方長官に、勅使を命ぜらるゝことあるべし、

▽官国幣社への勅使奉幣　平成の大嘗祭に際しては、勅祭社十六社に幣帛料の御下賜があった。

第十三条　大嘗祭ヲ行フ前一日鎮魂祭ノ式ヲ行フ

鎮魂祭は、古は天皇、皇后、東宮は勿論、庶人に至るまで、行ひたりしが如し、百日の招魂、毎日の招魂、臨時、病中などにも行へり、朝廷に於て毎年新嘗祭の前日に行はるゝことは史に見ゆるは、文武天皇以来のことなり、されば、大嘗祭の前日に於て、此祭の執行せらるゝは、申すまでもなきことなり、別式によるに、其儀は年々の新嘗祭の前一日の式に同じとあり、抑、この祭典は、旧事紀神武天皇元年の条に、十一月宇麻志麻治命奉レ斎二殿内於天璽瑞宝一、奉《ミ》二為《タメニ》帝后一、崇二鎮御魂一、祈二禱寿祚一、所謂御鎮魂祭自レ此而始矣、とあり、古語拾遺に、凡鎮魂之儀者、天鈿女命之遺跡、とあるによるに、鈿女命の神楽によりて、天照大神を天岩戸より招出し奉りし、尊き愛《メデ》たき吉例のまゝに、代々受け伝へて、神武天皇の御代に到りしなるべし、天武天皇紀、十四年十一月丙寅、是日為二天皇一招魂《ミタマフリス》之とあるは、鎮魂祭のことなり、鎮魂をオホミタマフリとも、オホミタマシヅメとも申す、タマフリとは、江家次第、小野宮年中行事に御衣を御魂実《ミタマシロ》として、振り動かし奉るよし見ゆるが如く、振るより云ひ、タマシヅメとは、斯くして御魂を鎮め奉ればなり、令義解に、招二離遊之運魂一、鎮二身体之中府一、故曰二鎮魂、とある如く、人の心は物事にうつろひて、うつし心もなきまでに、あくがるゝことの、あるものなればなり［源氏物語、歎きわび空に乱るゝ我魂を、むすびとどめよ、下がへのつま、狭衣物語、あくがるゝ我魂もかへりなむ、思ふあたりに、むすびとどめよ、和泉式部、物思へば沢の蛍も、我身よりあくがれ出づる魂かとぞ見る、など詠めり此式、後花園天皇以後中絶せしを、光格天皇寛政九年に至り再興せられたり、祭神は神魂、高御魂、生魂、足魂、魂留魂、大宮賣、御饌神、辞代主等にして、笛を吹き琴を弾じ、歌を和し拍子に従ひて舞ひ、宇気槽《ウケフ子》を覆せて、其上に立ちて、桙を以て撞くこと十度、度毎に御魂緒の絲を結ぶ、また節に応じて、御衣の筥を振り動かすよし、古き書に見ゆ、

第十四条　即位ノ礼及大嘗祭ハ附式ノ定ムル所ニ依リ之ヲ行フ

附式は、巻末に掲載せり其要を示せば左の如し、

登極

- 践祚式
  - ●賢所にて、三日間祭典あり其第一日には皇霊殿神殿へ奉告祭あり
  - ●剣璽渡御の儀第一日賢所祭典と同時に行はる
  - ●践祚後朝見の儀三日間内にて▽1行はる此間改元のことあり
- 即位の礼
- 大嘗祭
  - ●賢所皇霊殿神殿へ期日報告（東京）あり又神宮及五陵へ勅使派遣あり
  - ●斎田点定の儀東京また斎田抜穂の儀（地方）あり
  - 天皇賢所を奉して京都へ行幸あり
  - ●即位礼当日賢所大前の儀（京都）ありまた皇霊殿神殿へ奉告（東京）あり
  - ●即位礼当日紫宸殿の儀（京都）あり
  - ●即位礼後一日賢所御神楽（京都）行はる
  - ●大嘗祭前一日鎮魂祭（京都）あり
  - ●神宮皇霊殿神殿官国幣社へ勅使派遣ありて大嘗祭当日奉幣あり
  - ●大嘗祭当日賢所へ大御饌を供進（京都）す
  - ●大嘗宮にて悠紀主基の儀行はせらる
  - ●大饗第一日の儀第二日の儀及夜宴（京都）あり
  - ●神宮及五陵へ親謁あり
  - 天皇賢所を奉して還幸あらせらる
  - ●還御の後賢所御神楽及皇霊殿神殿へ親謁（東京）あり

▽**践祚後朝見の儀**
大正元年は賢所第二日の儀の日、昭和元年は第三日の儀の翌日、平成元年は第三日の儀の日におこなはれた。

第十五条　即位ノ礼及大嘗祭訖リタルトキハ大饗ヲ賜フ

大饗は、古の大嘗会に相当すべし、古は後宮東宮及摂関大臣は、正月に大饗を行へり、大に饗宴する義なり、大嘗会とは、大嘗祭の節会の儀にて、古は卯日大嘗祭ありて、辰日に悠紀の節会を行ひ御膳及白黒の酒を天皇に供し、臣下にも亦、饗膳を賜ふ、悠紀国司より、多米都物《タメツモノ》、鮮味[1]等を献じ、［多米都物とは、美味《ノ》飯食を云ふ古言なり］又挿頭《カザシ》、和琴等をも献ず、寿詞の奏とて、中臣氏天神寿詞を奏することあり、神璽の鏡剣を献るとて、忌部氏神鏡と御剣を献ることあり、こはこの両氏の祖先なる児屋根命と、太玉命とが、天孫降臨の時に際して、天孫の左右に侍し、皇祖天照大御神の此神器を持ち捧けしめ賜ひて、宝祚を祝し給ひし、めでたき故実によること、既に上に云へり［寿詞を奏するは、大宝令に見えたるは、御即位の日のことなり、これ上古の風なるべし其御世頃より既に大嘗祭にのみ行はれしを此御令は之を復古せられて、即位の日総理大臣の奏することに、改められたるなり］　標山《シルシノヤマ》とて、悠紀、主基両国司が、山形を作り、種々の装飾を施したる標木《シルシノキ》を立つ［この標山は、卯日に北野なる斎場より、他の供神物と共に、大嘗宮へ輓くなり、後世神社の祭日に挽く所の鉾山殿尻《ホコヤマトンジリ》の類は、これより転じたる遺風なるべし］巳日に主基の節会を

▽鮮味　鮮味とは鮮物《なまもの》の義なり。（『昭和大礼要録』）

大饗第一日の儀

軟障

母屋

行ふ［寿詞の奏なく、白酒黒酒を供する事なし、其他は大略辰日に同じ、他、辰日にも悠紀節会の後に、主基の節会の略儀あり、巳日にも亦、主基の節会の前に、悠紀節会の略儀あり、故に、辰巳両日共に、悠紀主基両節会を行はるゝ訳なり］巳日の節会畢りて、清暑堂《せいしょどう》の御神楽とて、豊楽殿の後房なる清暑堂に、臨御し、終夜神宴御遊あり、この御神楽は、内侍所の御神楽と共に、古来最重しとする所なり、午日には豊明節会《トヨノアカリノセチエ》あり、悠紀、主基両国司及朝臣を豊楽《ブラク》殿に会して、宴を賜ふ、吉野ノ国栖《クス》歌笛を奏す、久米舞あり［江次第に、舞人二十人、琴工六人如駿河舞夾㆓版位㆒舞、終頭抜㆑剣舞、舞歌以㆑琴為㆑節とあり］吉志舞《きしまひ》あり［江次第に高麗乱声舞二十人楽二十人とあり］宣命使、宣命を読み、群臣には禄を賜ふなり、これらの古の例によるに、本令の大饗は、この三日の節会に相当するものなること明けし、別式を見るに、大嘗祭後、大饗第一日の儀あり、大饗第二日の儀あり、大饗夜宴の儀あり、第一日の儀は豊明殿▽1にて行はる、殿の北廂に千年松、山水の図ある錦の軟障を設け、［軟障は又はゼンジャウ、又はゼシャウとも云ふ、軟は硬に対す、軟なる障子の義にて、紐を著け壁代の如く、懸くるものなり、障子とは、今の衝立なり、中世以降、遣戸障子をのみ障子と云ひて、従前の障子をば、特に衝立障子とも衝立とも云ふ、近代は更に転じて、明障子をのみ、障子と云ひて、布帛を以て作れる襖障子を、襖《ふすま》とのみ云へり、軟障は、普通は表は、白生絹、裏は、白練絹にて、紫綾の縁に、絵は高松及四季の景を画くなり、こゝは錦の縁にて、松と山水の

▽**豊明殿** 条文には「豊楽殿」。『昭和大礼要録』には「登極令は将来斯の如き豊楽院の営建を予想し、（中略）未だ之が御造営の事あらず。（中略）大正大礼に於ては、二条離宮内に饗宴場を仮設し、（中略）今次の大礼に於ては、（中略）京都皇宮東側、外苑東北部を卜して、饗宴所を仮設す。即ち豊楽院代とも謂ふべきものなり」。なほ平成二年の大饗の儀は、皇居の豊明殿でおこなはれた。

床子台盤

画なり、次に綵綾軟障とあるは、綵りたる綾の縁なるべし］東北隅に、悠紀地方の風俗歌の屛風、西北隅に、主基地方の屛風を立つ［風俗歌の屛風とは、風俗歌をかける屛風なり］母屋の四面に［モヤはオモヤの略言なり、廂の中なれば身屋《オモヤ》と云ふなり］壁代を作り、之を搴げて、その中央に天皇の御座を其東方に、皇后の御座を設け、各御椅子並に台盤を立つ、昔は皇后には、臨御なかりし故に、その御座は無りき、また天皇の御座は、悠紀の御帳、主基の御帳とて、両日に用ゐらるべき御帳を、別に設けたるを、後には帳は一つにて、其帳の廻りに悠紀の屛風を廻らせば、悠紀の帳となり、主基の屛風を廻らせば、主基の帳と呼びかへたりしなり、この御令によれば、一日に行はるゝを以て、古代の制を参酌せられて、二地方の屛風を、東北隅と西北隅とに立てらるゝこと、なりしなり、かくて南東西の三方の廂の周囲には、青簾を懸け、之を搴げ、其内に諸員陪宴の第一座を設け、床子並に台盤を立つ、［床子はショウジとも、ソウジとも云ふ、四足にて俗に床机《シャウギ》と云ふものにて、官人の腰を掛くるものなり、昔は、中納言以上は漆床子、自余は素大床子なり、台盤《ダイバン》とは、食椀を載する台なり、俗に飯台と云ふものなり］顕陽《けんよう》、承歓《じょうかん》、歓徳《かんとく》、明義《めいぎ》の各堂に諸員陪宴の第二座を分設せられ、南庭の中央に舞台を構へ、其東南隅に楽官の幄を設くるなり、かくて儀鸞《ぎらん》、逢春、承秋、嘉楽、高陽の各門を開けば、当日賜宴の文武官所定の座に著き、式部官警蹕を称ふれば、天皇、皇后、出御、御座に着

白酒黒酒
地方の献物
久米舞
風俗舞大歌
五節舞
挿華

御あらせらる、先勅語ありて、総理大臣の奉対あり、次に白酒黒酒を供す「白酒とは白き酒、黒酒とはクサキの灰を加へて造れる酒なり」次に、悠紀、主基地方献物の色目を奏す、此時其献物を、南栄に排列するなり「古の献物色目を奏する詞は、悠紀《ゆき》爾供奉《つかへまつ》留其国《そのくにの》宰姓名等《みこともちかばねなら》加進《たてまつ》礼留雑物合若干荷《くさぐさのものあはせてそこばくのに》、就レ中献物《たてまつりもの》黒木御酒《くろきのみき》若干缶《ほとき》、白木《しろき》御酒若干缶、飾甅《かざりさらけ》若干口、倉代《くらしろ》若干輿《こし》、缶若干缶、多米都物、雑菓子《くさぐさのこのみ》、若干輿、飯《いひ》若干櫃《ひつ》、酒《さけ》若干缶、云々進礼留事乎申賜波久止奏となり、この御令によれば悠紀主基同時なるべし」次に御膳並御酒を供す「昔は鮓、鹽、酒、醬、餛飩、索餅、餲餬、桂心、の八台之を晴御膳と云ひ、残の御膳にて餢子、黏臍、饆饠、団喜、の四種をも供し、御飯御菜を供したり、天皇の御箸下りて、臣下も応ずる也」次に久米舞を奏す、次に御殺物を益し供し、次に悠紀、主基の地方風俗舞を奏す「久米舞は、神武天皇の時久米部の歌ひしに始まる、されば中世に至るまで、大伴、佐伯の二舞人を率ゐて、舞はしめたり、舞に剣を抜くは、古の余波《ナゴリ》見えてゆかし、近来宮内省にて再興せられたり、風俗舞は、地方の風俗歌を歌ひつゝ、地方人の舞ふなり、古は、音声人歌人、歌女ら風俗の歌を歌ひ乍ら参入し、八人にて風俗の歌舞を奏したりき、両地方を同時に行ふ時は、十六人となる訳なり、」次に大歌及五節舞を奏す、「大歌はオホウタと云ふ、公に用ゐらるゝ歌を大歌と云ひ、世に私に歌ふを小歌と云ふ、古は、大歌所にて、風調雅正なるものを採りて、鼓吹に合せて奏楽し、朝会公儀の時に用ゐしなり、今は専ら雅楽部にて掌ることゝなれり、五節舞は、天武天皇の上下を斉へ和するには、礼楽こそよけれとて、製定せられし舞なり、五節とは、舞姫の衣の袖を五度飜して舞ふを以て云ふ］次に挿華《カザシ》▽1を供す［古は挿頭《カザシ》、天子は桜銀製大臣は藤大中納言は山吹、参議は梅、いづれも真鍮にて作り滅金す、但これは一定せず、時々変れり、今後は其製の如きも、時世に適するものを以てせらるべきか］かく御酒御肴挿華等を天皇に供する時は、陪宴の諸員にも各、みな之を賜ふなり、斯くて第一日の儀は畢りぬ、今之を古儀に按ずるに、第一日の儀は辰日の節会と午日の豊明節会とを、合して、行はるゝものと、察せらるゝなり、第二日の儀は、二条離宮にて行はる、勅語なく、黒酒白酒のことなき等、第一日に比して簡略なるは、古の巳日に準じて説くへきか、大夜宴の儀も、亦二条離宮にて行はる、古の清暑堂神宴、御遊にや准へ申さむ、その儀は、陪宴の諸員著席の後、天皇皇后出御あり、次に舞楽［万歳楽、太平楽］を奏して、賜宴あるなり、以上の三儀をこゝに大饗と称するなり、

第十六条　即位ノ礼及大嘗祭訖リタルトキハ天皇皇后ト共ニ神宮、神武天皇山陵、並、前帝四代ノ山陵ニ謁ス

即位の礼及大嘗祭を訖らせ給ひたる時は、皇太子同妃以下宮内大臣、内大臣、大礼使長官、皇后宮太夫、女官等を率ゐて、京都より発して、先づ伊勢に向はせ給ひ、頓宮

▽挿華「さしばな」（『皇室事典』）

に入らせ給ふべし［頓宮には、神宮司庁を用ゐさせ給ひし先例、明治三十九年にあり］親謁の御儀は、天皇皇后先づ頓宮を出御、神宮板垣御門外にて、御下乗あらせられ、玉垣御門外にて大麻御塩を奉り、同門内にて御手水を供す、此時正殿の御扉を開き奉り、御幣物を殿内案上に奉安すれば、天皇、皇后御階を昇御、御大床《オホユカ》の御座にて、親しく御拝礼あらせらるゝなり、神武天皇及前帝四代山陵に親謁の御儀には、先づ神饌幣物の供進ありて、掌典長祝詞を奏することとなるが神宮に此事なきは古来の例なりとぞ、抑、本条の御制は明治の御制にして、敬神崇祖の礼を明かにし大孝を申べ賜ふ所以、返す〳〵も忝く難有き大御制令にぞ有りける、恐乍、我々臣民もこの御令の旨を恐みて、祖先崇敬の道を全ふせんことを期すべきなりかし、

第十七条　即位ノ礼及大嘗祭訖リテ東京ノ宮城ニ還幸シタルトキハ天皇皇后ト共ニ皇霊殿神殿ニ謁ス

京都に還幸後更に御神楽あり

別式によるに、還幸の儀は京都へ、行幸の時の式に同じく、賢所温明殿に還御の儀は春興殿渡御の儀に同じ、而して還幸後、温明殿にて賢所御神楽の御儀あるなり、此の御親謁を畢りて、全く登極の御事は、完了遊ばされし御事なりと察せらる、この御令

を拝見するに、神祇の祭典に始りて、神祇の祭典に終る、敬神尊祖を以て、建国の大本とする我国体の懿美▽1、見つべきなり

第十八条　諒闇中ハ即位ノ礼及大嘗祭ヲ行ハス

諒闇▽2の字は、綏靖天皇紀に始て見ゆ、亮闇とも、亮陰とも、書けり、塵添壒囊抄《じんてんあいのうしょう》に、諒闇とも、諒陰とも云ふ也、諒陰をばマコトニモダスと読也、諒に陰《モダス》とは、天子は日々に万民の訴を断給ふべきを、一向に黙して不㆓聞食㆒故也、とあり、古は一期十三月間、錫紵《しゃくじょ》▽3を御し給ふべきなれども、万機暇なければとて、月を日に易へて、十三日間の御服に止みて、其余の月日は、必喪を服し、一期の後大祓を行ひて、終闋▽4とせらる、天皇着服の間は、別室に御し給ふ、之を倚廬《いろ》▽5と云ふ、板敷を地上に下し、布帽額の葦簾を垂れ、御調度みな質素になし給ひき、此御令によりて考ふるに、考妣の一年祭を行はせ給ふまでは、諒闇なるべければ、此間は慶賀を表する即位の大礼、潔斎を要する大嘗の大祀は、行はせ給はざるなり

以上述べたる如く、登極の御事は、前半践祚の御式は、諒闇中なれば、国民一般謹慎の意を表すべく、後半即位の大儀は、国家の一大礼なれば、奉祝の意を表すべきなり、

▽**懿美**　イビ。麗しいこと。

▽**諒闇**　「天皇大行天皇太皇太后皇太后皇后ノ喪二丁ルトキハ大喪トス」(皇室服喪令第十九条)、「天皇ハ（略）大行天皇及皇太后ノ為ニハ一年ノ喪ヲ服シ太皇太后ノ為ニハ百五十日ノ喪ヲ服ス」(同第二十条)、「大行天皇及皇太后ノ為ニスル大喪ヲ諒闇トス皇妣タル太皇太后ノ為ニスル大喪亦同シ」(同第二十一条)

▽**錫紵**　天皇が二等以上の御親族の喪に服する時に著用する浅黒色闕腋の御袍。

▽**闋**　ケツ・ケチ・ケイ・ケ。事がをへて門を閉ぢる。やむ、をはる。つきる。音楽の一曲がをはる。喪に服しをへる。

▽**倚廬**　父母の喪中に住む仮のいほり。

人道完備す

古は崩御を受けたる践祚は多少の時日を経て行ひ給ふを、例とせしかども、今日は時世古の如くならず、一日も君位を空うすべからざれば、崩御に引続きて、祚を践ませ給ひ、諒闇を闋りたる後、▽1即位の大儀を行はせ給ひて、皇祖天神地祇を祭らせ、百僚にも饗宴を賜はせらるゝなり、予は本令を拝見して、皇祖神祇に敬事し給ふ叡慮に感激して、思へらく、此御令は、国体の根源を明にし、君臣の大義を示し、斯道の大本を実行し給へる御儀なれば、我国体の尊きを説き、皇祖皇宗の道を教へんとするには、能く本令の御主旨を敷衍するに如かずと大日本史に、▽2凡祭祀莫レ重二乎大嘗一、敬神尊祖之道、報本反始之義、咸備焉、と云へり、予は更にこの登極令に至りて、大成の美を済せるものと、云はんとす、また、同書に、▽3我天朝、神聖肇レ基、光二宅日出之邦一、照二臨宇内之表一、其典章文物、敻出二於三方之外一乎、夫祭祀者、政教之所レ本、敬レ神尊レ祖、孝敬之義、達二于天下一、凡百ノ制度、亦由レ是而出焉、天皇以二天祖之遺体一、世伝二天業一、群臣以二神明之冑裔一、世亮二天功一、君之視レ民如二赤子一、民之視レ君如二父母一、億兆一心、万世不レ渝、莫レ不三各献二其力一、以致二忠誠一、と云へり、誠に斯ノ道は、我国の精神なれば政治と云はず、農と云はず、商と云はず、工と云はず、文学と云はず、皆これと一致せざるべからず、彼宗教の如きだに、これと一致せざれば、我国にては成立すまじきなり、これ他なし、国体を擁護するは、国民の義務にして、国体に適応するものは存し、

▽**諒闇中**　大正天皇の際には、斎田点定までおこなはれたのちに皇太后が崩御されたため、大正三年から四年へと延期された。

▽**大日本史に**「凡そ祭祀は大嘗《だいじやう》より重きはなし。敬神尊祖の道、報本反始の義咸《みな》備はる。」(『訳註大日本史』)

▽**同書に**「我が天朝、神聖基《もとゐ》を肇め、日出《につしゆつ》の邦《くに》に光宅し、宇内の表《へ》に照臨し、其の典章文物、敻《はるか》に三方の外に出づるをや。夫れ祭祀は政教《せいけう》の本づく所、神を敬し祖を尊び、孝《かう》敬《けい》の義天下に達し、凡百《ぼんぴやく》の制度も亦是に由りて立つ。天皇は天祖の遺体《ゐたい》を以て世《よ》ゝ天業を伝へ、群臣は神明の冑裔《ちうえい》を以て世《よ》ゝ天功を亮《たす》く。君の民を視たまふこと赤子の如く、民の君を視まつること父

国体に背反するものは亡ぶは、当然のことなればなり、豈、独、祭政のみ一致ならむや、

母の如し。億兆心を一にして万世渝《かは》らず、各〻其の力を献じて以て忠誠を致さざるなし。」(同)

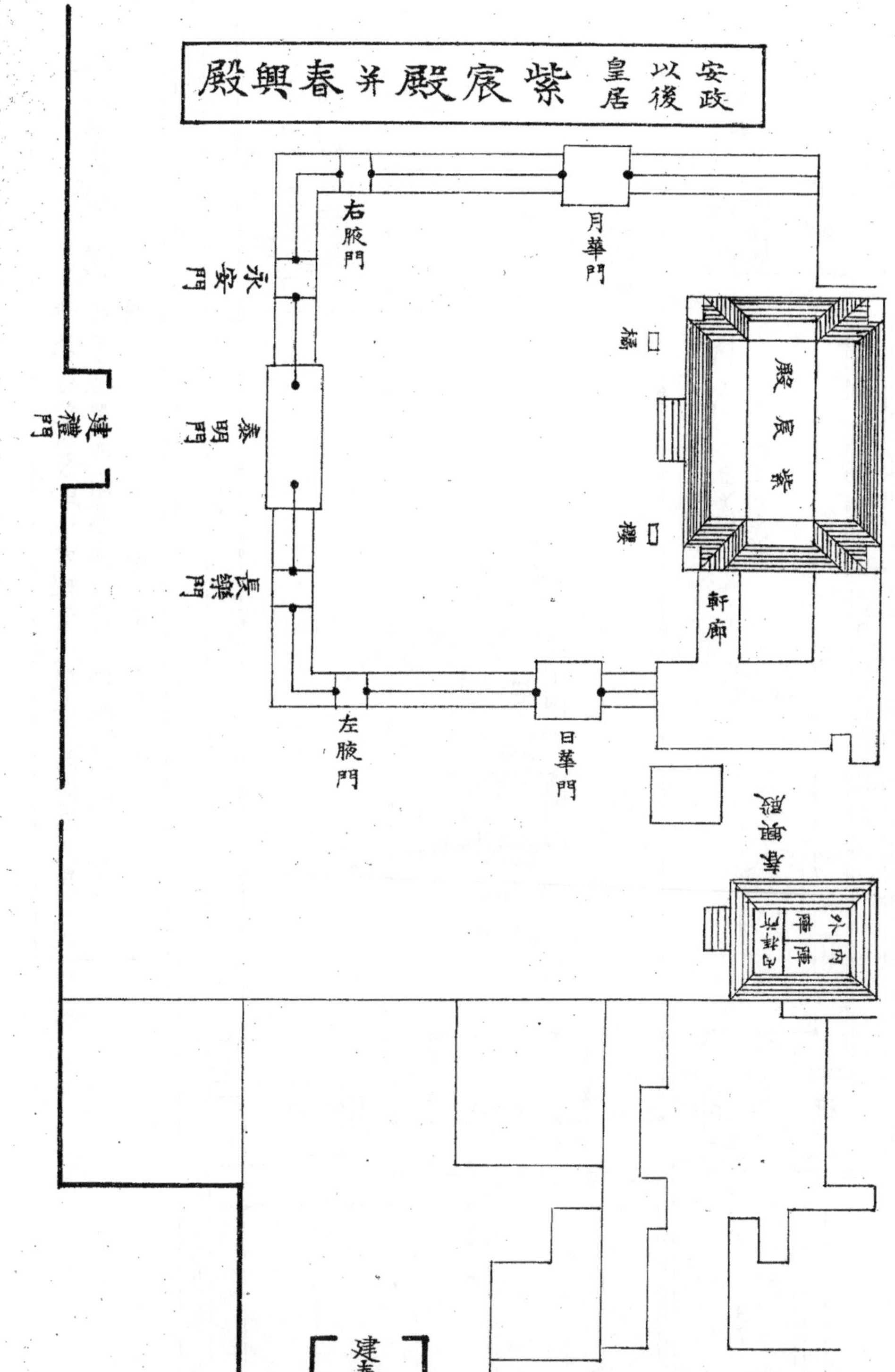
紫宸殿并春興殿
安政以後皇居
月華門
右腋門
永安門
承明門
長樂門
左腋門
日華門
建禮門
建春門
紫宸殿
橘
櫻
軒廊
春興殿
內陣
外陣

紫震殿ノ儀

將來行ハルヘキ即位大禮紫震殿上ノ高御座並參列官ノ位置、及南庭ニ於ケル裝飾威儀物等ノ配列圖------ハ總理大臣ノ參進ヲ示ス

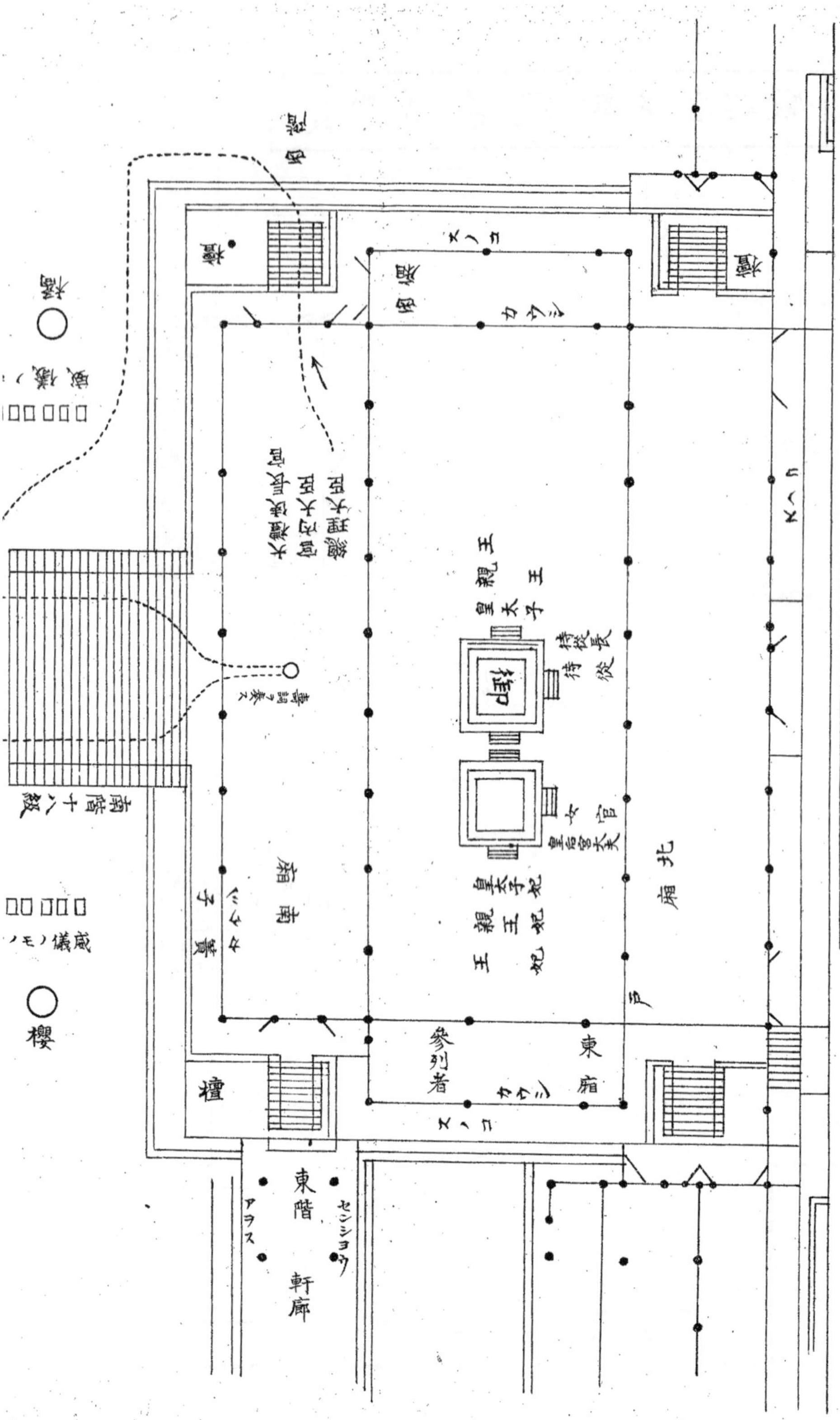

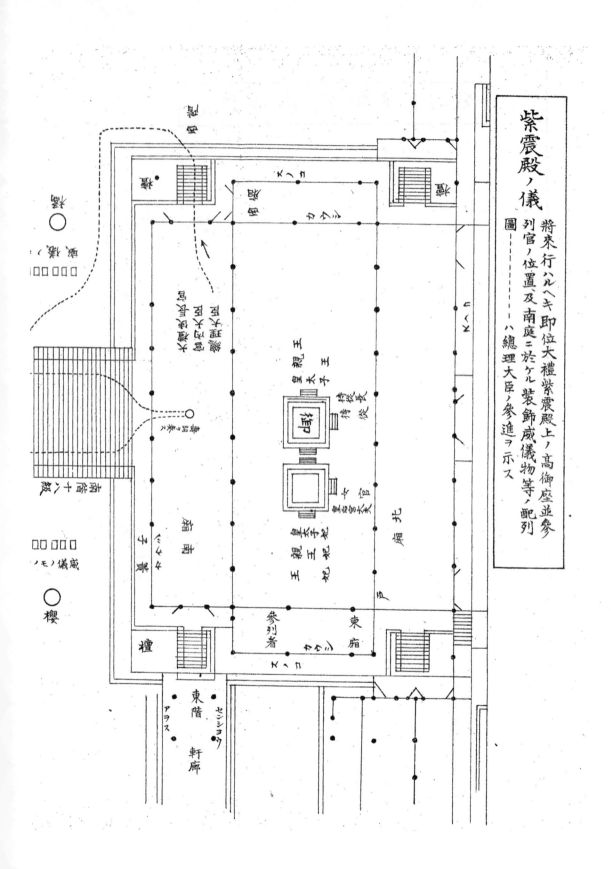

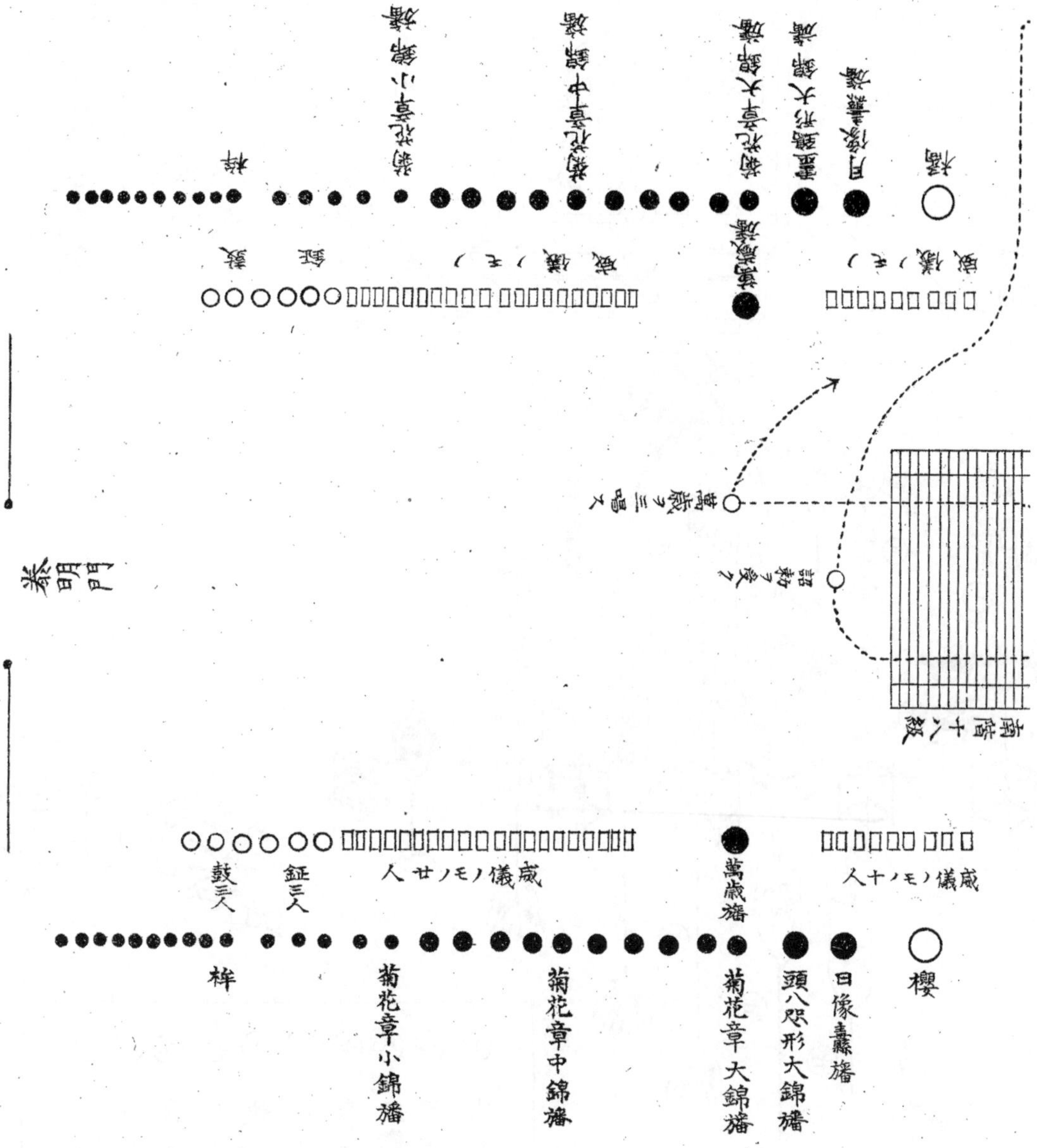

櫻
日像纛旛
頭八咫形大錦旛
菊花章大錦旛
菊花章中錦旛
菊花章小錦旛
桙
萬歳旛
威儀ノモノ十人
威儀ノモノ廿人
鉦三人
鼓三人
南階十八級
詔勅ヲ受ク
萬歳ヲ三唱ス
承明門
橘
月像纛旛

御即位舊儀圖

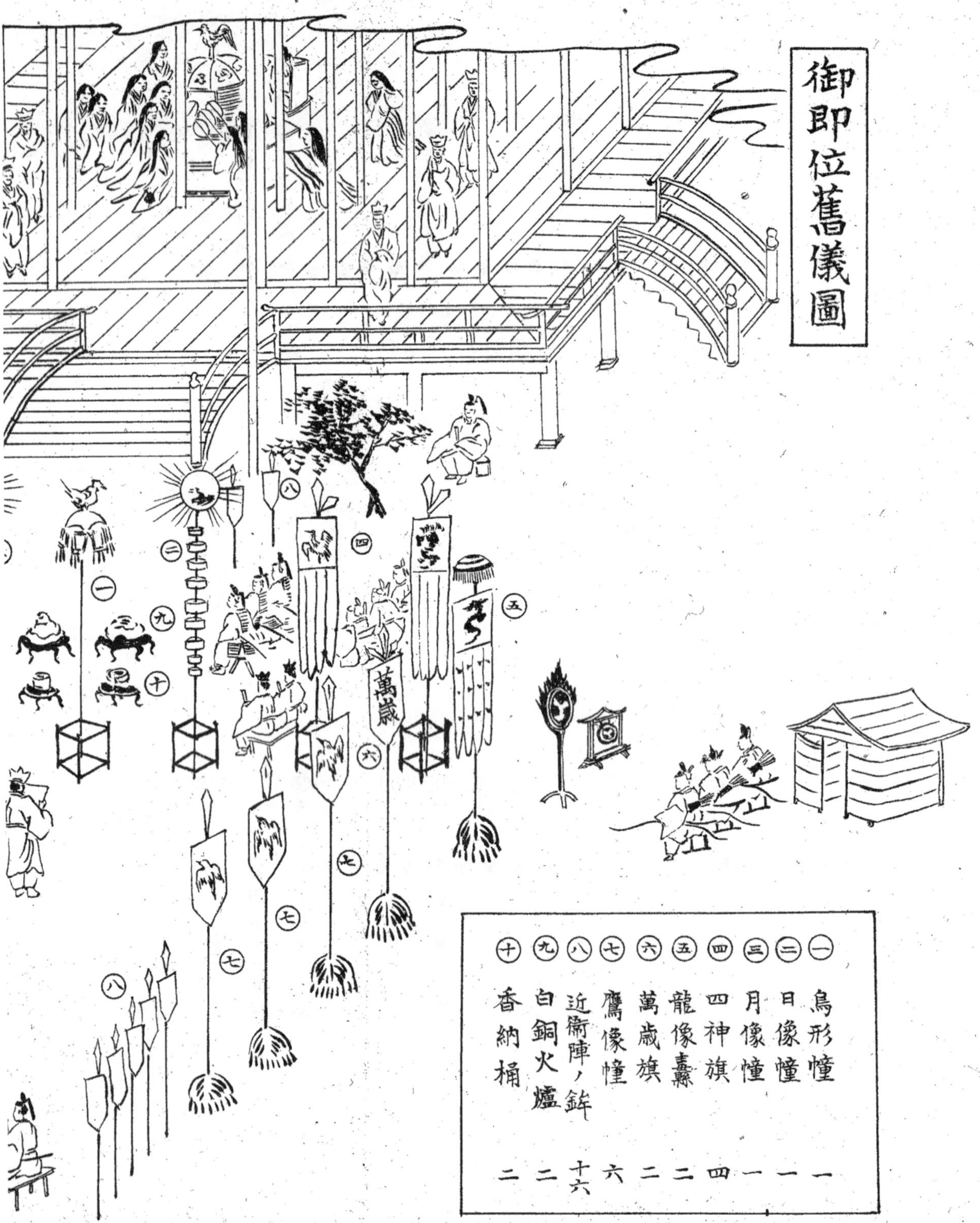

一	烏形幢	一
二	日像幢	一
三	月像幢	一
四	四神旗	四
五	龍像纛	二
六	萬歳旗	二
七	鷹像幢	六
八	近衛陣ノ鉾	十六
九	白銅火爐	二
十	香納桶	二

四
八
三
一
五
萬歳
六
七
七
七
八
八

文安御即位調度圖

高御座

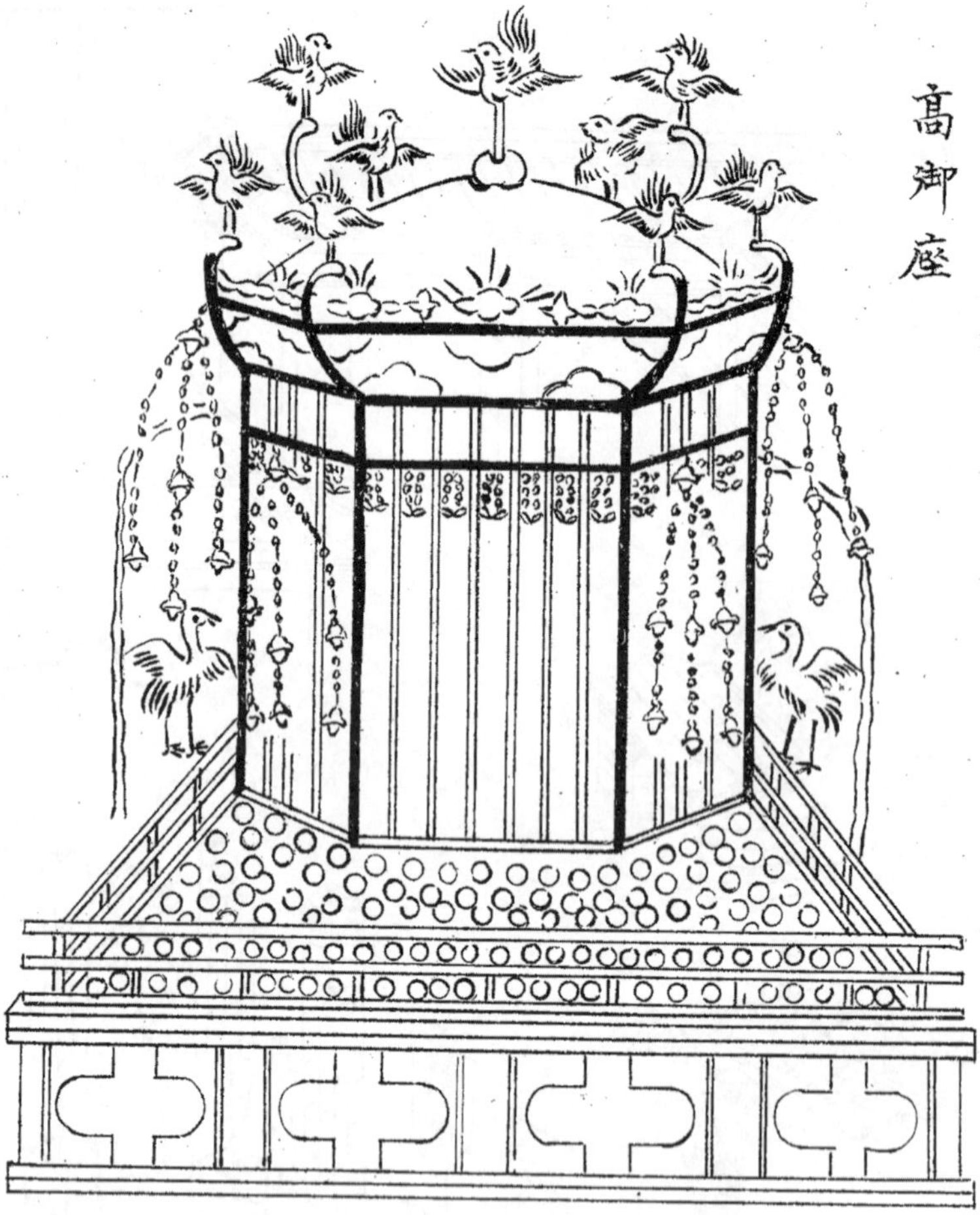

御即位次第抄ニ方一丈三尺東西ハ少シ長シ西東北ノ三方ニ階アリ

鉦　鼓

文安御即位調度圖

火焔臺

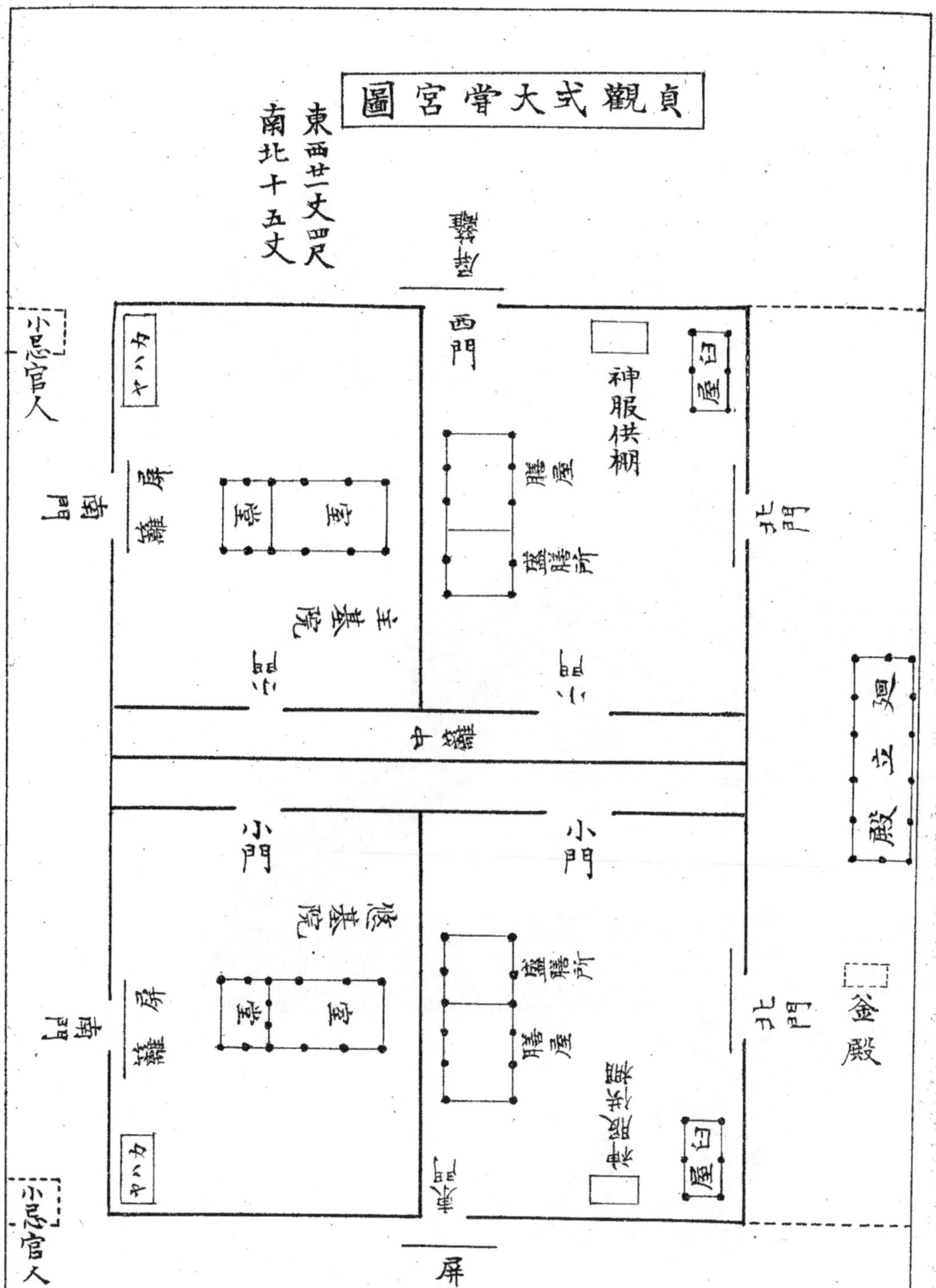
貞觀式大嘗宮圖
東西廿一丈四尺
南北十五丈
屏籬
西門
神服供棚
臼屋
膳屋
盛殿所
北門
カハヤ
屏籬
南門
室
堂
主基院
小門
中籬
廻立殿
小門
悠紀院
盛殿所
膳屋
北門
釜殿
屏籬
南門
室
堂
神服供棚
臼屋
東門
カハヤ
小忌官人
小忌官人
屏籬

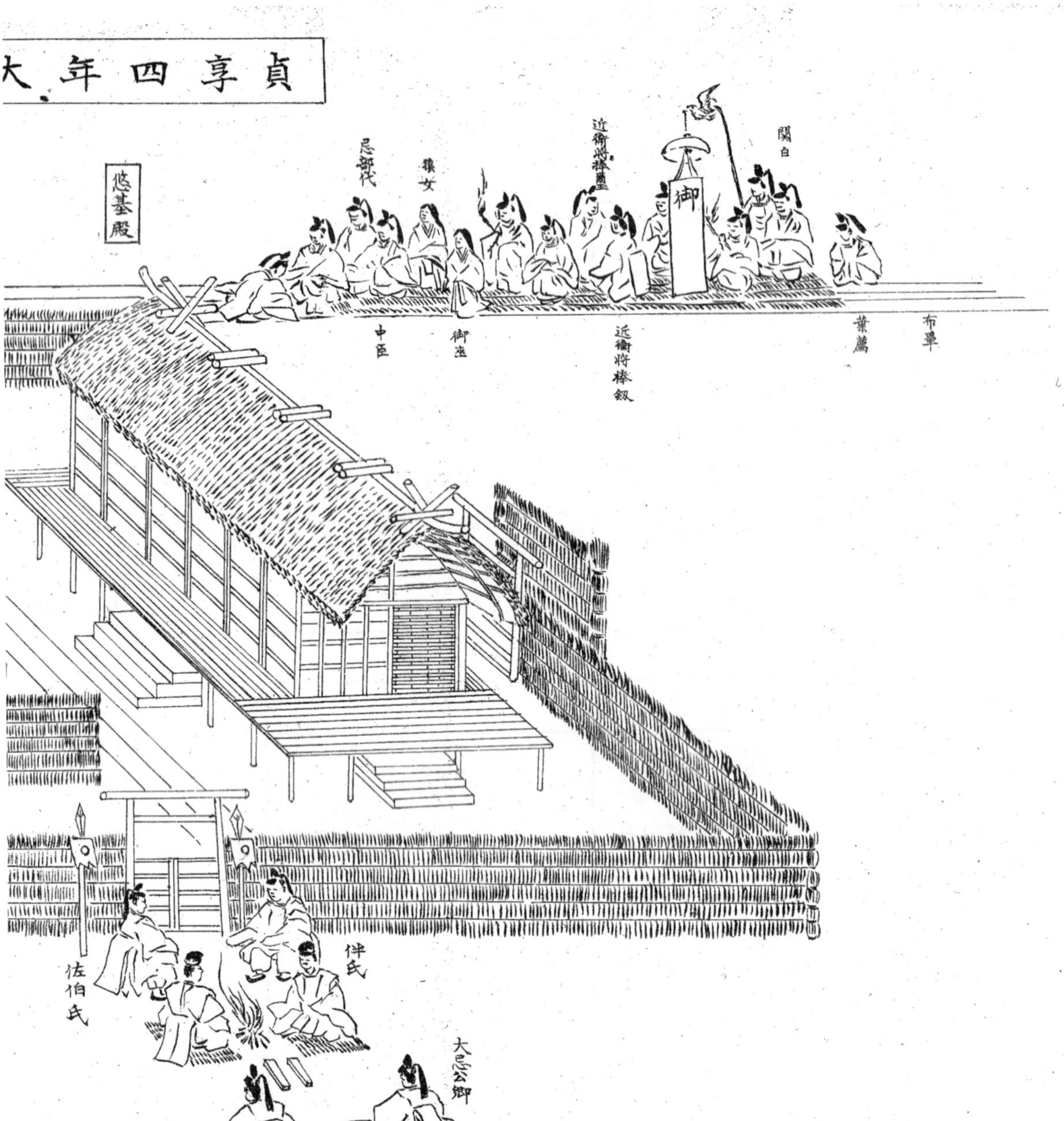
貞享四年大
悠基殿
忌部代
采女
近衛将捧翳
関白
御
中臣
御座
近衛将捧翳
葉薦
布単
佐伯氏
伴氏
大忌公卿

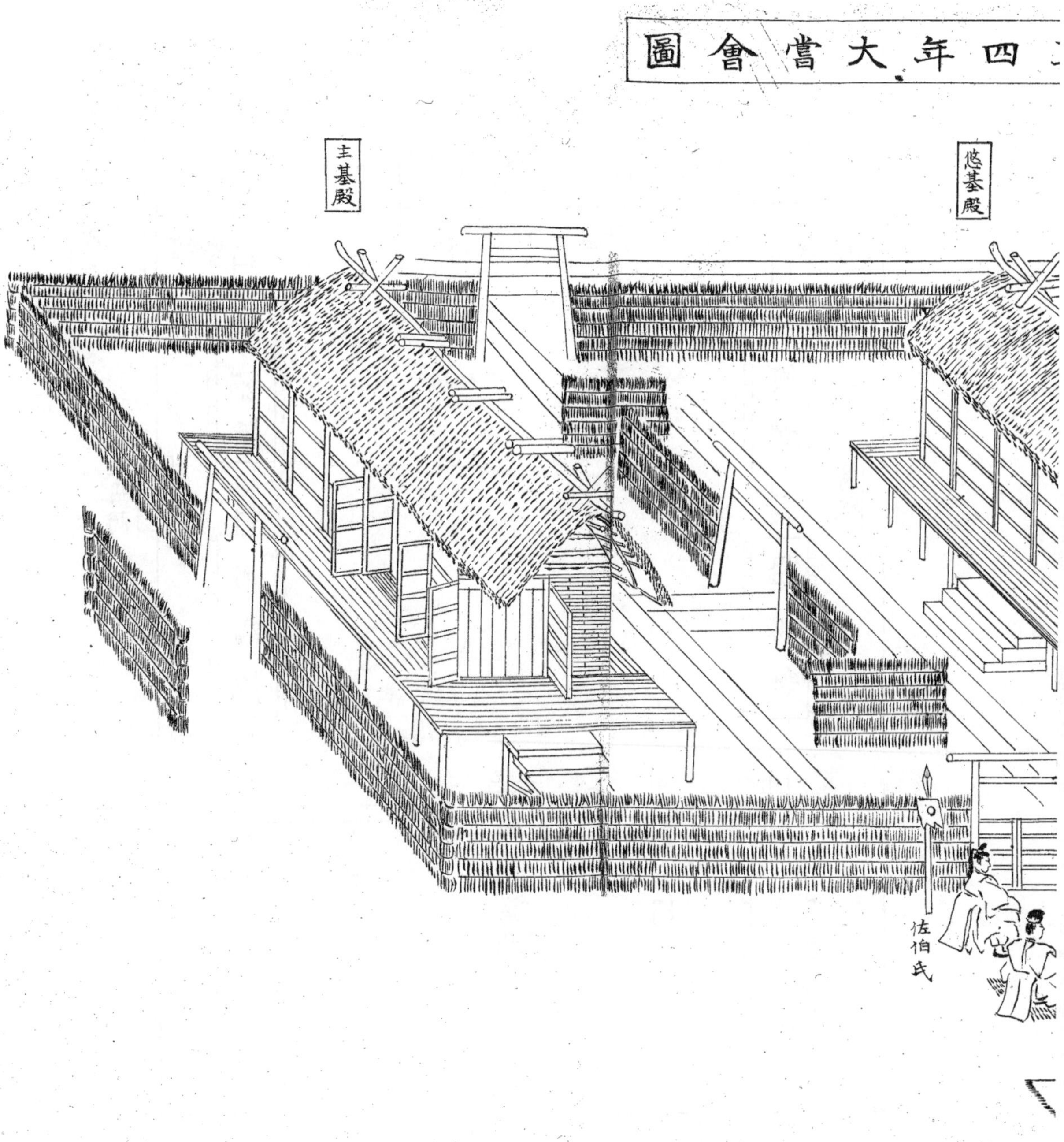
四年大嘗會圖
主基殿
悠基殿
佐伯氏

豊樂院圖

大内裡考証

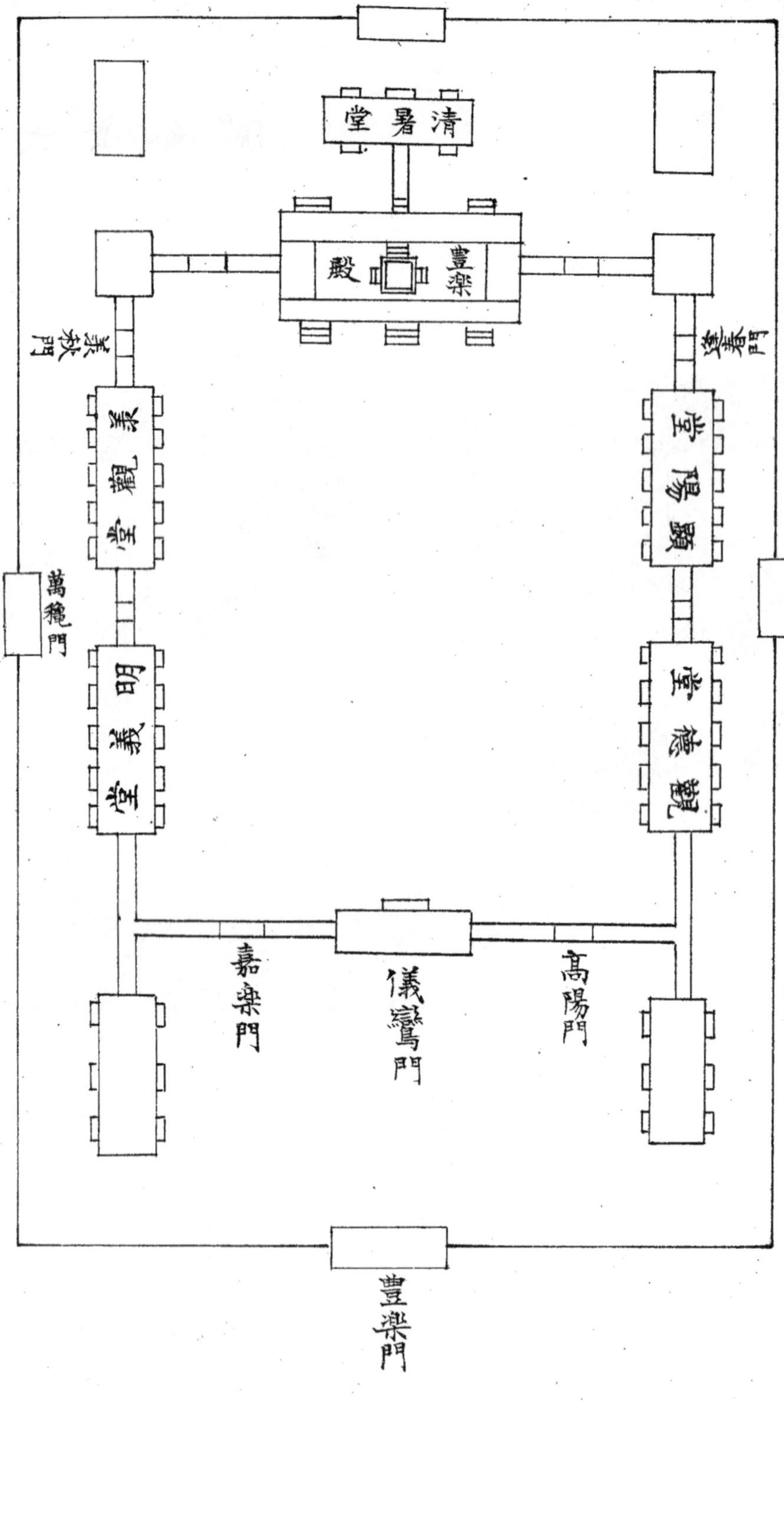

鰕鰭槽大嘗會指圖

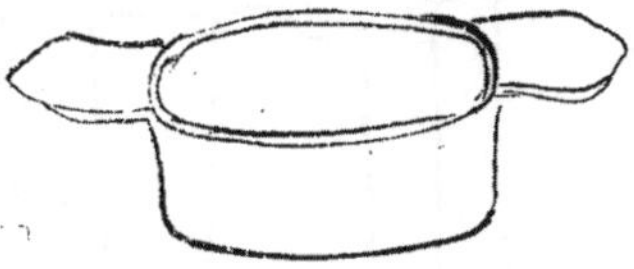

多志良加の圖

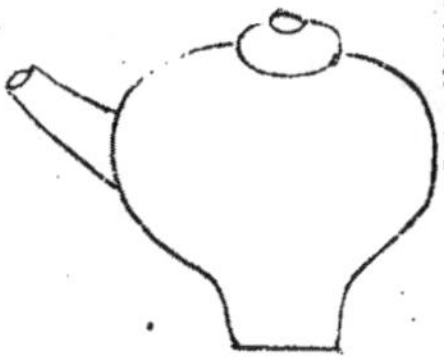

御坂枕

大嘗會便蒙ノ圖ノ一

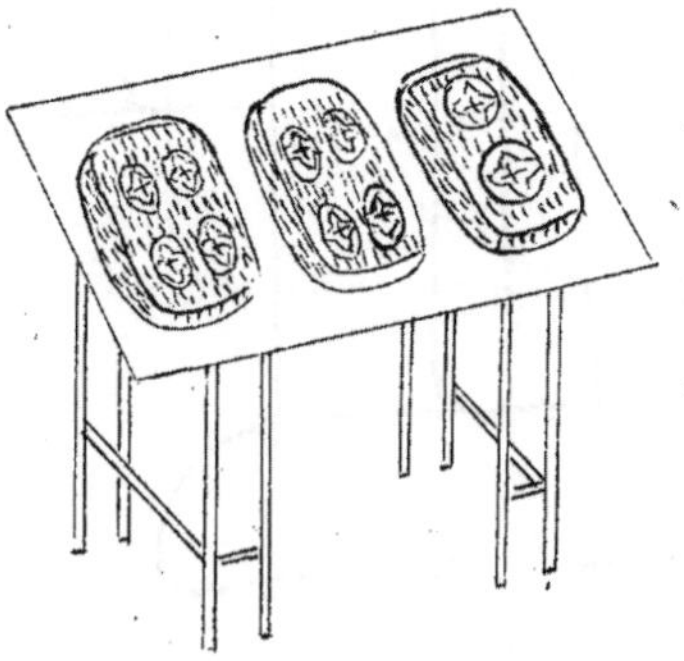

貞享四年大嘗會圖
荒妙神服入目籠

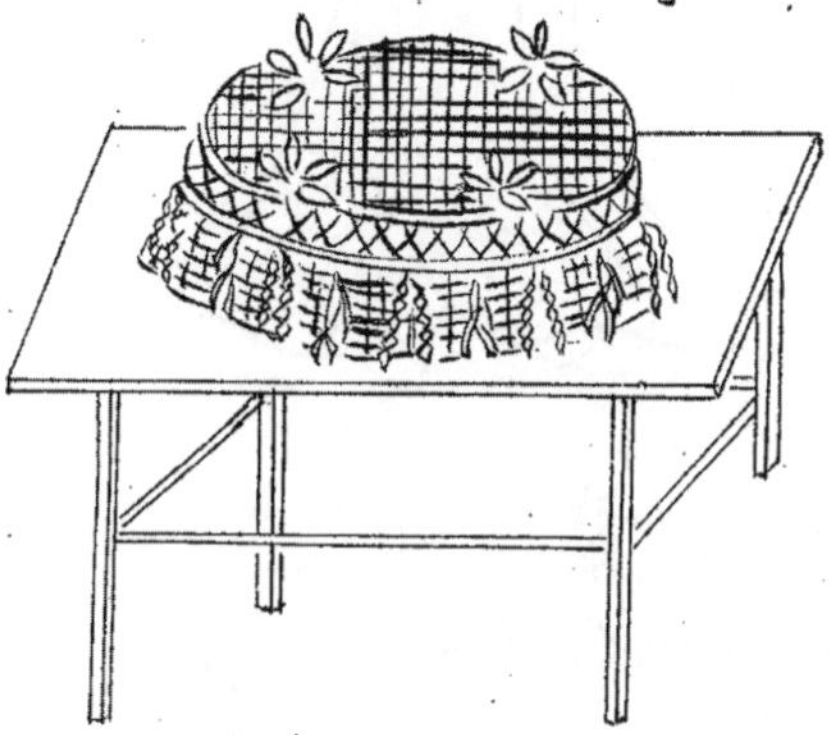

大嘗會供御図ノ一

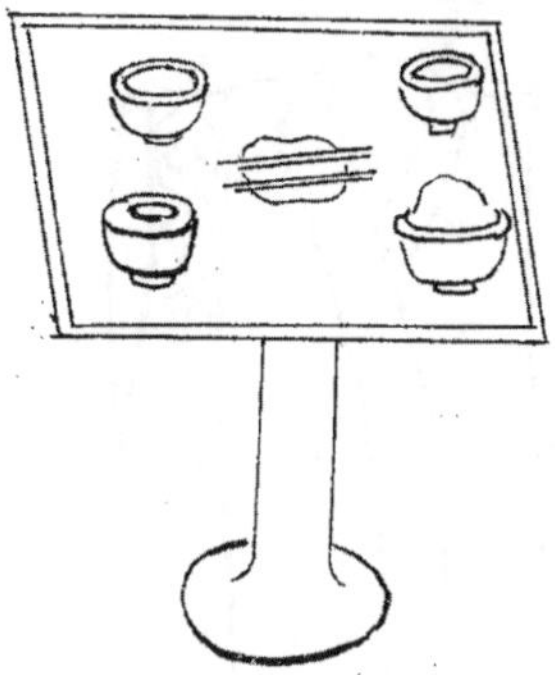

空頂黒幘

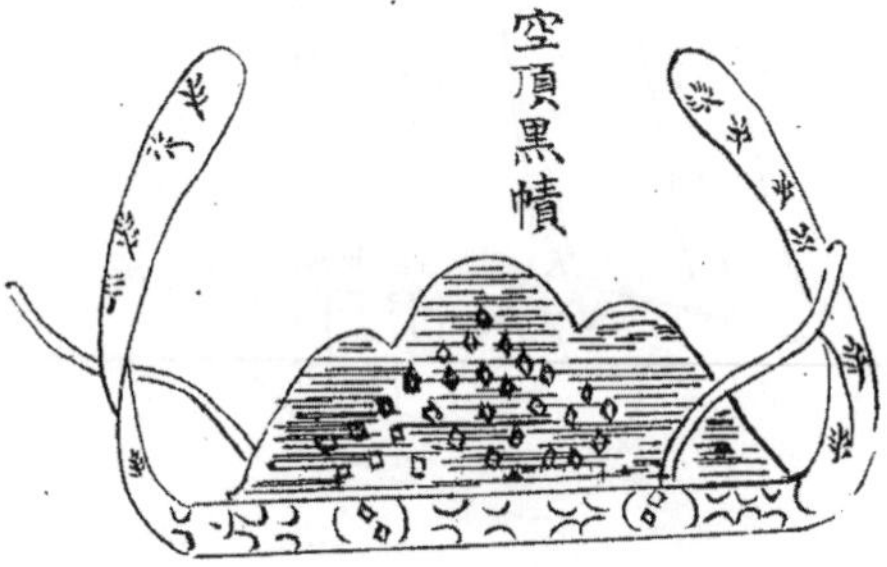

心葉
日蔭蔓

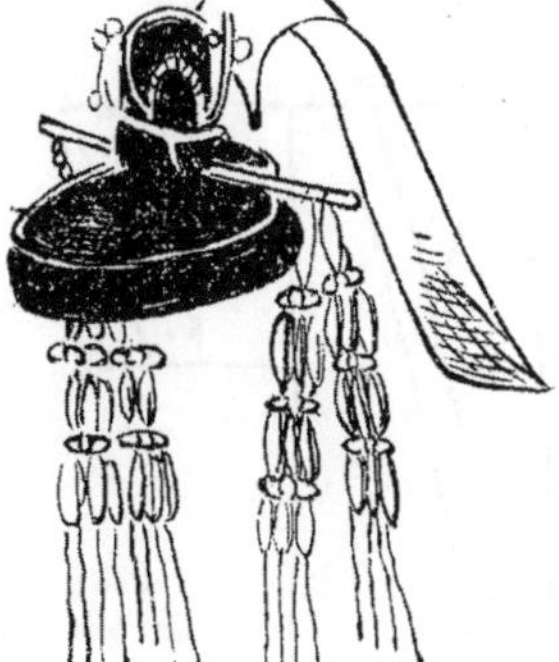

小忌

御冠幘

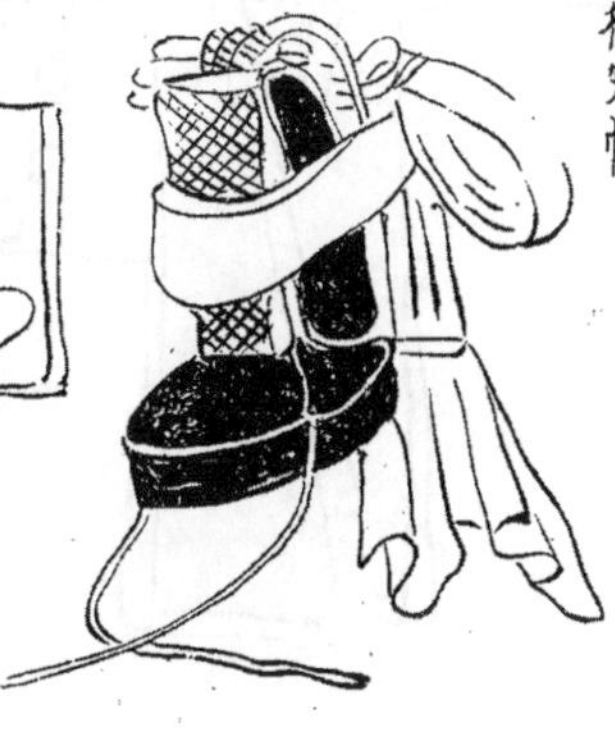

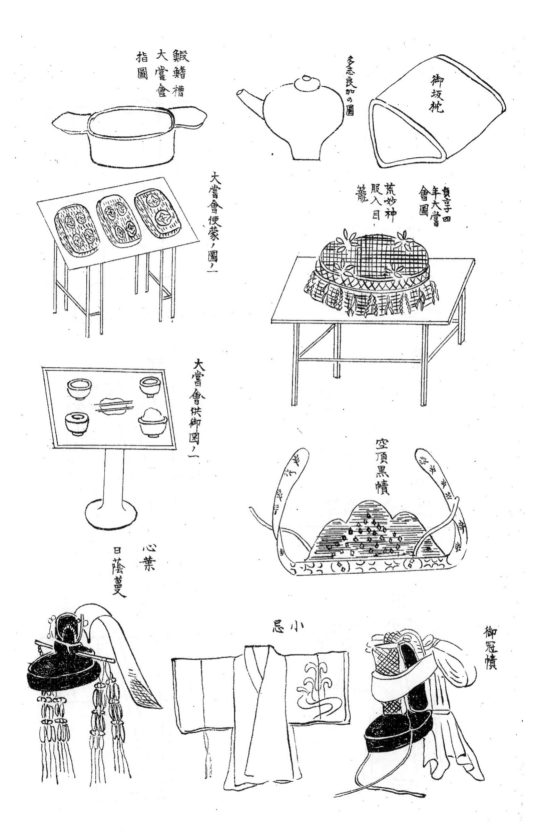

袍闕腋

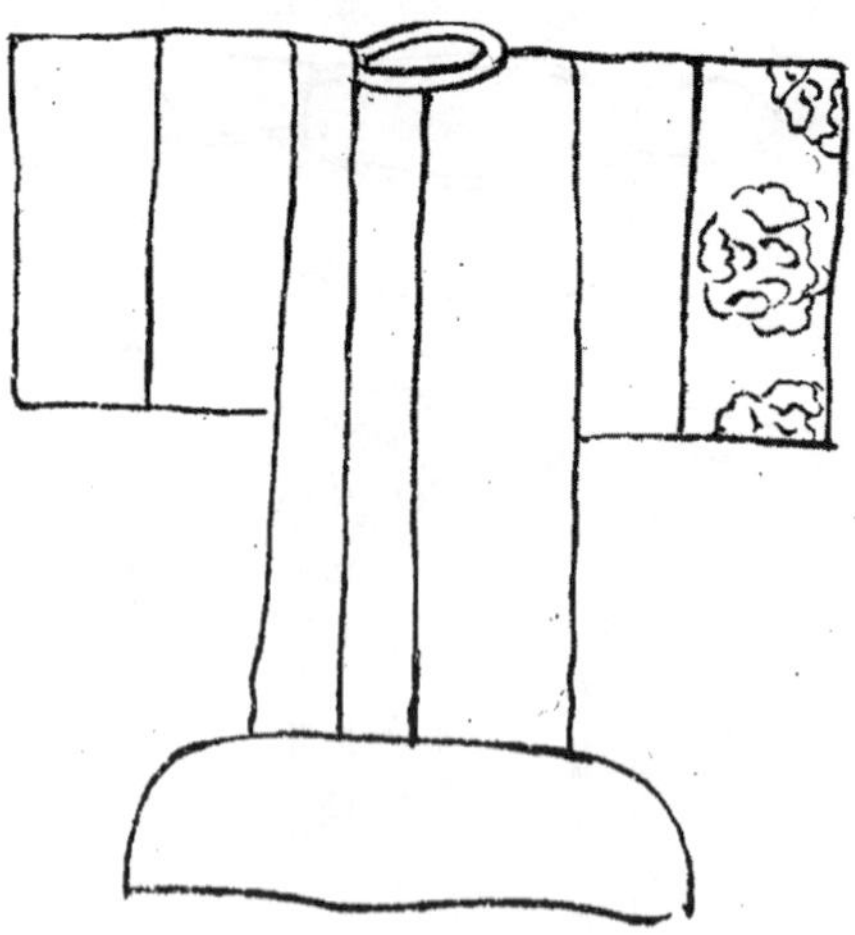
袍縫腋

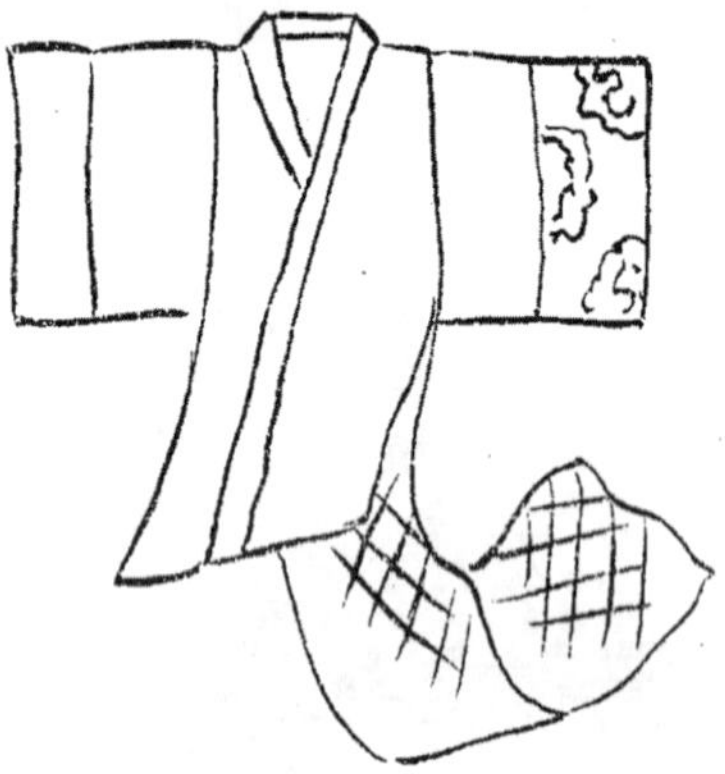
下襲

半臂

單

衵

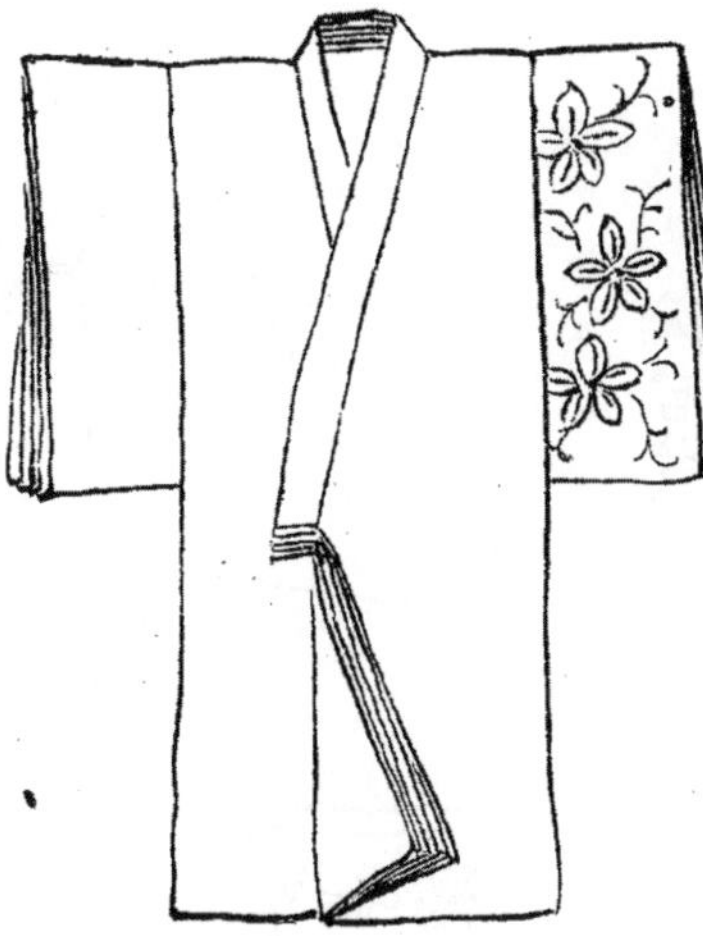

五衣

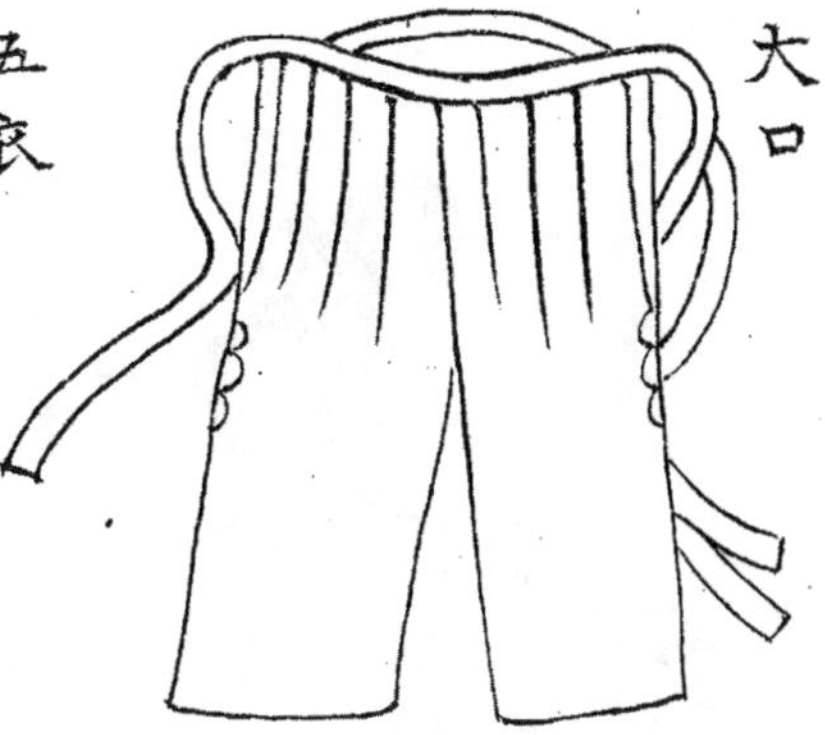

大口

裳

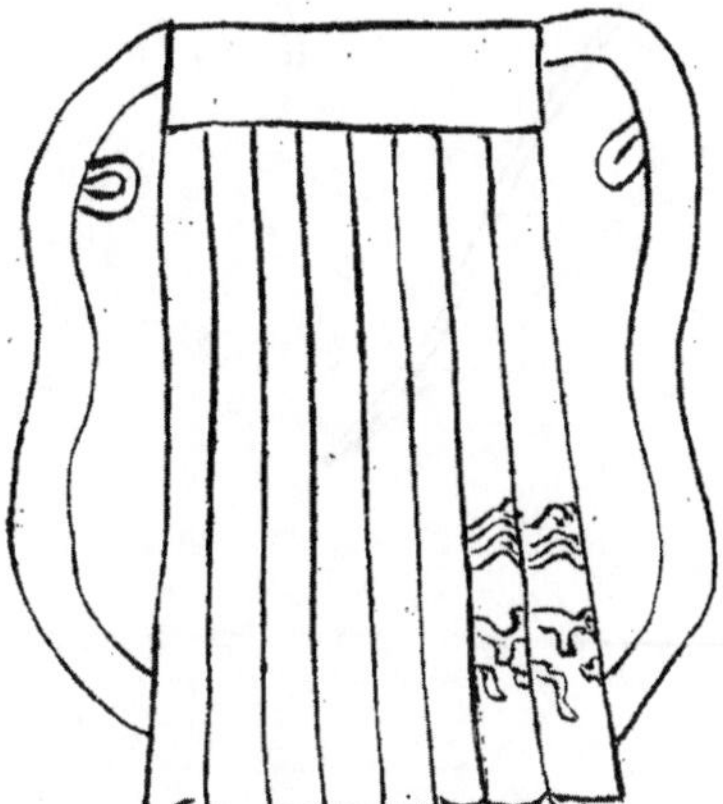

表袴

唐衣

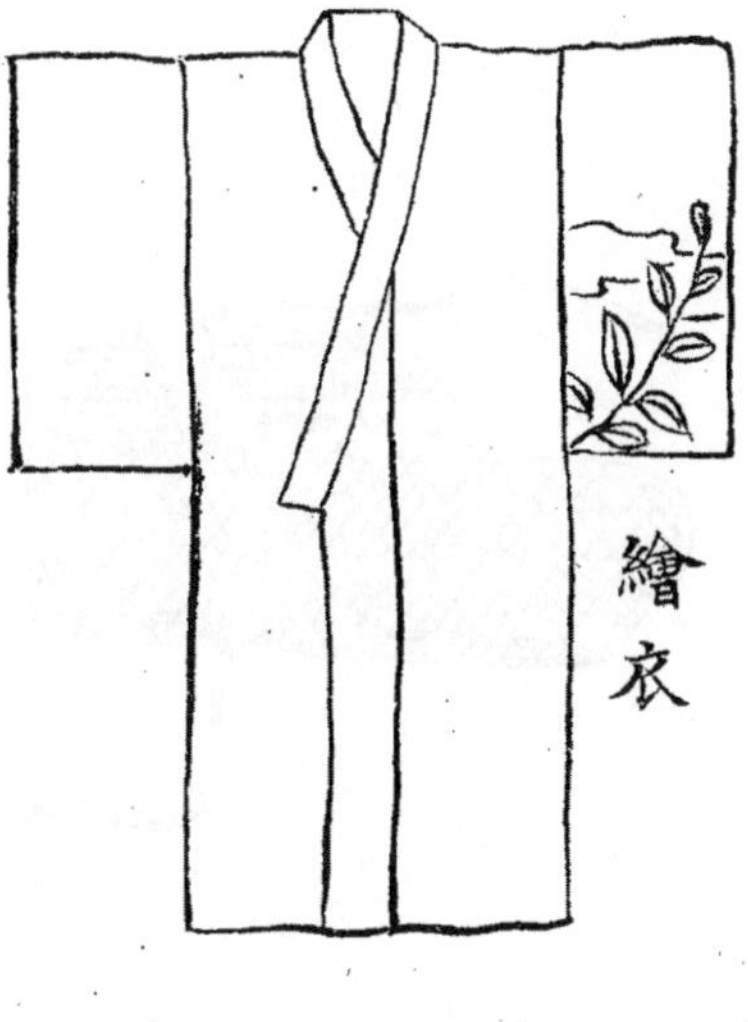

繪衣

武官装束

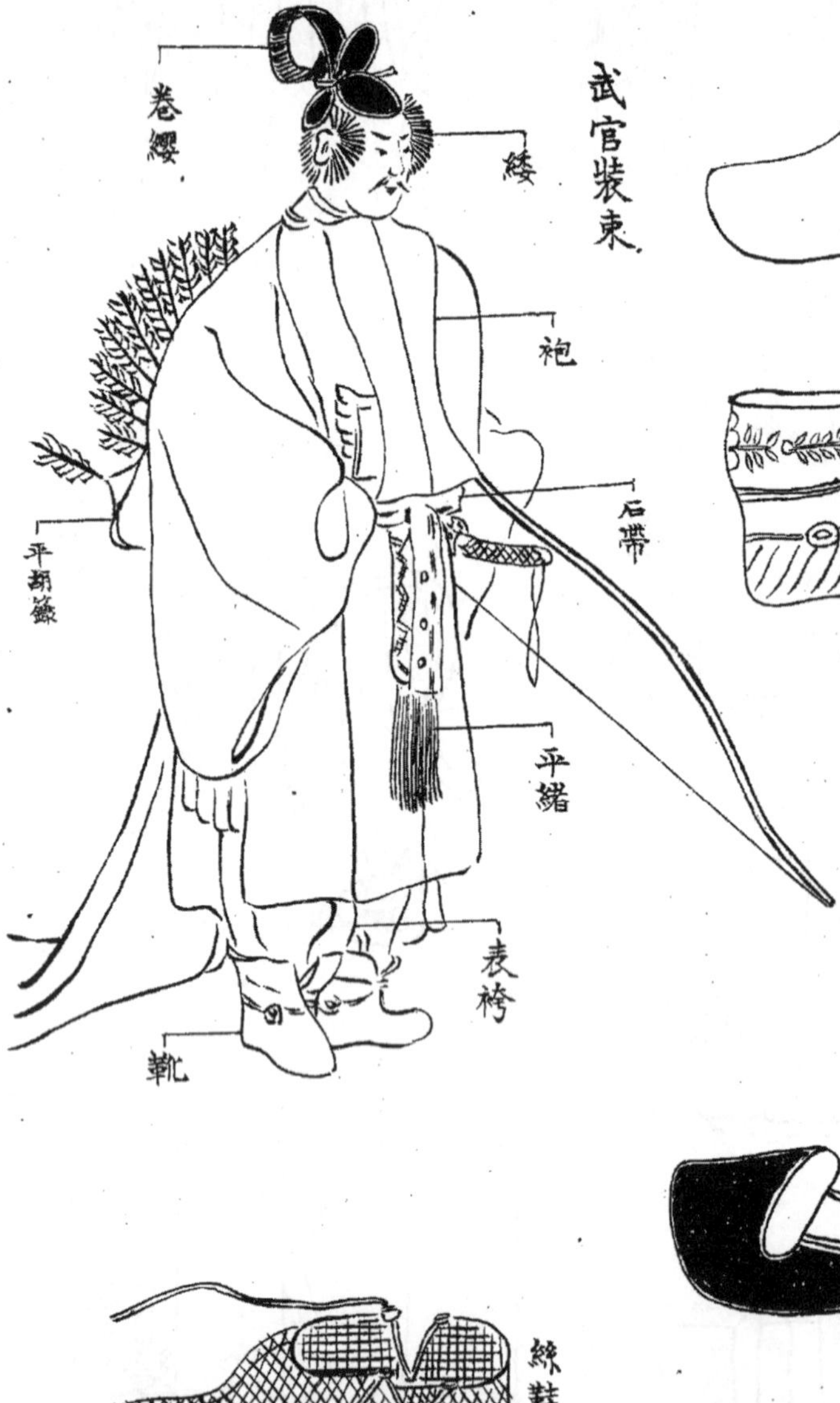

襪

靴鞾モ同シ

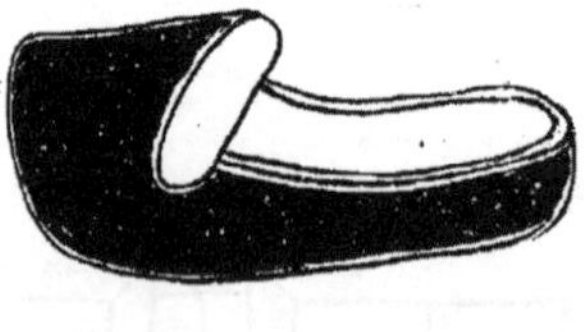
浅沓

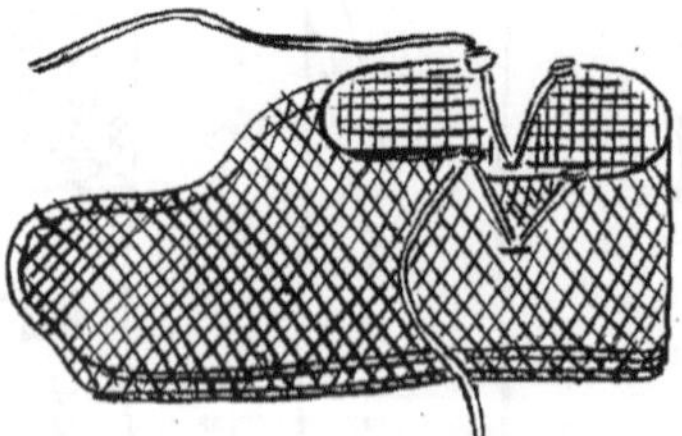
絲鞋

烏皮舄

〈復刻版註・傍線は昭和二年の改正箇所。「登極令中改正ノ件」は復刻版附録として後掲〉

（附録）

皇室令

朕枢密顧問ノ諮詢ヲ経テ登極令ヲ裁可シ茲ニ之ヲ公布セシム

御名 御璽

明治四十二年二月十一日

宮内大臣 伯爵 田中光顕

内閣総理大臣兼大蔵大臣 侯爵 桂太郎

陸軍大臣 子爵 寺内正毅

外務大臣 伯爵 小村寿太郎

海軍大臣 男爵 斎藤実

内務大臣 法学博士男爵 平田東助

農商務大臣 男爵 大浦兼武

逓信大臣 男爵 後藤新平

文部大臣 小松原英太郎

司法大臣 子爵 岡部長職

皇室令第一号

登極令

第一条　天皇践祚ノ時ハ即チ掌典長ヲシテ賢所ニ祭典ヲ行ハシメ且践祚ノ旨ヲ皇霊殿神殿ニ奉告セシム

第二条　天皇践祚ノ後ハ直ニ元号ヲ改ム
元号ハ枢密顧問ニ諮詢シタル後之ヲ勅定ス

第三条　元号ハ詔書ヲ以テ之ヲ公布ス

第四条　即位ノ礼及大嘗祭ハ秋冬ノ間ニ於テ之ヲ行フ
大嘗祭ハ即位ノ礼ヲ訖リタル後続テ之ヲ行フ

第五条　即位ノ礼及大嘗祭ヲ行フトキハ其ノ事務ヲ掌理セシムル為宮中ニ大礼使ヲ置ク
大礼使ノ官制ハ別ニ之ヲ定ム

第六条　即位ノ礼及大嘗祭ヲ行フ期日ハ宮内大臣国務各大臣ノ連署ヲ以テ之ヲ公告ス

第七条　即位ノ礼及大嘗祭ヲ行フ期日定マリタルトキハ之ヲ賢所皇霊殿神殿ニ奉告シ勅使ヲシテ神宮神武天皇山陵並前帝四代ノ山陵ニ奉幣セシム

第八条　大嘗祭ノ斎田ハ京都以東以南ヲ悠紀ノ地方トシ京都以西以北ヲ主基ノ地方トシ其ノ地方ハ之ヲ勅定ス

第九条　悠紀主基ノ地方ヲ勅定シタルトキハ宮内大臣ハ地方長官ヲシテ斎田ヲ定メ其ノ所有者ニ対シ新穀ヲ供納スルノ手続ヲ為サシム

第十条　稲実成熟ノ期ニ至リタルトキハ勅使ヲ発遣シ斎田ニ就キ抜穂ノ式ヲ行ハシム

第十一条　即位ノ礼ヲ行フ期日ニ先タチ天皇神器ヲ奉シ皇后ト共ニ京都ノ皇宮ニ移御ス

第十二条　即位ノ礼ヲ行フ当日勅使ヲシテ之ヲ皇霊殿神殿ニ奉告セシム
大嘗祭ヲ行フ当日勅使ヲシテ神宮皇霊殿神殿並官国幣社ニ奉幣セシム
第十三条　大嘗祭ヲ行フ前一日鎮魂ノ式ヲ行フ
第十四条　即位ノ礼及大嘗祭ハ附式ノ定ムル所ニ依リ之ヲ行フ
第十五条　即位ノ礼及大嘗祭訖リタルトキハ大饗ヲ賜フ
第十六条　即位ノ礼及大嘗祭訖リタルトキハ天皇皇后ト共ニ神宮神武天皇山陵並前帝四代ノ山陵ニ謁ス
第十七条　即位ノ礼及大嘗祭訖リテ東京ノ宮城ニ還幸シタルトキハ天皇皇后ト共ニ皇霊殿神殿ニ謁ス
第十八条　諒闇中ハ即位ノ礼及大嘗祭ヲ行ハズ

附式

第一編　践祚ノ式

○賢所ノ儀　三日間之ヲ行フ但シ第二日第三日ノ儀ハ御告文ナシ

時刻御殿ヲ装飾ス
次ニ御扉ヲ開ク
次ニ神饌　色目時ニ臨ミ之ヲ定ム、以下神饌又ハ幣物ニ付キ別ニ分注ヲ施ササルモノハ皆之ニ倣フ　ヲ供ス
次ニ掌典長祝詞ヲ奏ス
次ニ御鈴ノ儀アリ　内掌典奉仕
次ニ天皇御代拝　掌典長奉仕、衣冠単　御告文ヲ奏ス

次ニ皇后御代拝 掌典奉仕、衣冠単
次ニ神饌ヲ撤ス
次ニ御扉ヲ閉ツ
次ニ各退下

○皇霊殿神殿ニ奉告ノ儀

其ノ儀賢所第一日ノ式ノ如シ 御鈴ノ儀ナシ

○剣璽渡御ノ儀

時刻 賢所第一日ノ式ヲ行フト同時 大勲位国務各大臣枢密院議長元帥便殿ニ班列ス
但シ服装通常服関係諸員亦同シ
次ニ出御 御通常服、御椅子ニ著御
式部長官宮内大臣前行シ侍従長侍従侍従武官長侍従武官御後ニ候シ皇太子 又ハ皇太孫、以下之ニ倣フ 親王王供奉ス
次ニ剣璽渡御 侍従奉仕 国璽御璽之ニ従フ 内大臣秘書官捧持
式部次官内大臣前行シ侍従武官扈従ス
次ニ内大臣剣璽ヲ御前ノ案上ニ奉安ス
次ニ内大臣国璽御璽ヲ御前ノ案上ニ安ク
次ニ入御
式部長官宮内大臣前行シ侍従剣璽ヲ奉シ侍従長侍従侍従武官長侍従武官御後ニ候シ皇太子親王王供奉

ス

次ニ内大臣国璽御璽ヲ奉シテ 内大臣秘書官捧持 退下

次ニ各退下

（注意）　天皇未成年ナルトキハ供奉員中親王ノ上ニ摂政ヲ加ヘ襁褓ニ在ルトキハ女官奉抱シ摂政奉扶ス以下之ニ倣フ

○践祚後朝見ノ儀

当日何時文武高官有爵者優遇者朝集所ニ参集ス 召スヘキ者ハ時ニ臨ミ之ヲ定ム、以下別ニ分注ヲ施サヽルモノハ皆之ニ倣フ

但シ服装男子ハ大礼服正装正服服制ナキ者ハ通常礼服女子ハ中礼服関係諸員亦同シ

次ニ式部官前導諸員正殿ニ参進本位ニ就ク

次ニ式部官警蹕ヲ称フ

次ニ天皇 御正装 出御 御椅子ニ著御

式部長官宮内大臣前行シ侍従剣璽ヲ奉シ侍従長侍従侍従武官長侍従武官御後ニ候シ皇太子親王王供奉ス

次ニ皇后 御中礼服 出御 御椅子ニ著御

皇后宮大夫前行シ女官御後ニ候シ皇太子妃 又ハ皇太孫妃、以下之ニ倣フ 親王妃内親王王妃女王供奉ス

次ニ勅語アリ

次ニ内閣総理大臣御前ニ参進奉対ス

次ニ天皇皇后入御　供奉警蹕出御ノ時ノ如シ
次ニ各退下
（注意）　天皇未成年ナルトキハ勅語ノ項ヲ「摂政御座ノ前面ニ参進東方ニ侍立シ勅語ヲ伝宣ス」トス

第二編　即位礼及大嘗祭ノ式

○賢所ニ期日奉告ノ儀

当日何時御殿ヲ装飾ス
時刻文武高官有爵者優遇者朝集所ニ参集ス
但シ服装男子ハ大礼服正装正服服制ナキ者ハ通常礼服女子ハ中礼服 袿袴ヲ以テ之ニ代フルコトヲ得 関係諸員亦同シ 式部職掌典部楽部
職員中掌典長、掌典次長、掌典、楽官ハ衣冠単、其ノ他ハ布衣単
次ニ皇太子皇太子妃親王親王妃内親王王王妃女王綾綺殿ニ参入ス
次ニ天皇皇后綾綺殿ニ渡御
次ニ天皇ニ御服 御束帯黄櫨染御袍、未成年ナルトキハ闕腋御袍、空頂御黒幘 ヲ供ス 侍従奉仕
次ニ天皇ニ御手水ヲ供ス 上同
次ニ天皇ニ御笏ヲ供ス 上同
次ニ皇后ニ御服 御五衣、御小袿、御長袴 ヲ供ス 女官奉仕
次ニ皇后ニ御手水ヲ供ス 上同

次ニ皇后ニ御檜扇ヲ供ス上同

此ノ間供奉諸員皇太子、皇太子妃、親王、親王妃、内親王、王、王妃、女王、宮内大臣、侍従長、大礼使長官、式部長官、侍従、皇后宮大夫、大礼使次官、女官服装ヲ易フ男子ハ衣冠単、女子ハ袿袴

次ニ大礼使高等官著床

次ニ式部官前導諸員参進本位ニ就ク

次ニ御扉ヲ開ク　此ノ間神楽歌ヲ奏ス

次ニ神饌幣物ヲ供ス　此ノ間神楽歌ヲ奏ス

次ニ掌典長祝詞ヲ奏ス

次ニ天皇出御　式部長官宮内大臣前行シ侍従剣璽ヲ奉シ侍従長侍従侍従武官長侍従武官御後ニ候シ皇太子親王王大礼使長官供奉ス

次ニ皇后出御　皇后宮大夫前行シ女官御後ニ候シ皇太子妃親王妃内親王王妃女王大礼使次官供奉ス

次ニ天皇内陣ノ御座ニ著御侍従剣璽ヲ奉シ外陣ニ候ス

次ニ皇后内陣ノ御座ニ著御女官外陣ニ候ス

次ニ天皇御拝礼御告文ヲ奏ス御鈴内掌典奉仕

次ニ皇后御拝礼

次ニ皇太子皇太子妃親王親王妃内親王王王妃女王拝礼

次ニ天皇皇后入御　供奉出御ノ時ノ如シ

次ニ諸員拝礼

次ニ幣物神饌ヲ撤ス　此ノ間神楽歌ヲ奏ス
次ニ御扉ヲ閉ツ　此ノ間神楽歌ヲ奏ス
次ニ各退下
（注意）　天皇襁褓ニ存ルトキハ天皇皇后ニ関スル儀注ヲ除キ御扉ヲ開クノ前ニ「式部官前導摂政（束帯）及親王親王妃内親王王王妃女王参進本位ニ就ク」ノ項ヲ加ヘ掌典長祝詞ヲ奏スノ次ニ「御鈴ノ儀アリ（内掌典奉仕）」及「摂政拝礼御告文ヲ奏ス」ノ二項ヲ加フ

○皇霊殿神殿ニ期日奉告ノ儀

其ノ儀賢所ノ式ノ如シ（御鈴ノ儀ナシ）

○神宮神武天皇山陵並前帝四代ノ山陵ニ勅使発遣ノ儀

当日何時御殿ヲ装飾ス　時刻大礼使高等官式部官著床
但シ服装小礼服礼装礼服通常礼服関係諸員（式部職掌典部職員ヲ除ク）亦同シ
次ニ内閣総理大臣著床
次ニ勅使（衣冠単、帯剣、笏、烏皮履）著床
次ニ式部官警蹕ヲ称フ
次ニ出御（御引直衣）　式部長官（衣冠）宮内大臣（同上）前行シ侍従（同上）御剣ヲ奉シ侍従長（同上）侍従（同上）侍従武官長侍従武官御後ニ候ス
次ニ幣物御覧（掌典長侍立）

次ニ神宮参向ノ勅使ヲ召ス
次ニ御祭文ヲ勅使ニ授ク宮内大臣奉仕
次ニ勅語アリ勅使退キテ幣物ノ傍ニ立ツ
次ニ幣物ヲ辛櫃ニ納ム――
次ニ勅使幣物ヲ奉シ殿ヲ辞ス　此ノ時式部官警蹕ヲ称フ
次ニ神武天皇山陵並前帝四代ノ山陵参向ノ勅使ヲ順次ニ召ス
次ニ御祭文ヲ勅使ニ授ク宮内大臣奉仕 勅使退キテ幣物ノ傍ニ立ツ
次ニ幣物ヲ辛櫃ニ納ム
次ニ勅使幣物ヲ奉シ殿ヲ辞ス
　此ノ時式部官警蹕ヲ称フ
次ニ入御
　供奉警蹕出御ノ時ノ如シ
次ニ各退下
　（注意）　天皇襁褓ニ在ルトキハ天皇ニ関スル儀注ヲ除キ勅使著床ノ次ニ「摂政衣冠参進本位ニ就ク」及「摂政幣物ヲ検ス掌典長侍立」ノ二項ヲ加ヘ勅語ノ項ノ「勅語アリ」ヲ「摂政勅語ヲ伝宣ス」トス

　○神宮ニ奉幣ノ儀
其ノ儀神宮ノ祭式ニ依ル

○神武天皇山陵並前帝四代山陵ニ奉幣ノ儀

其ノ儀皇室祭祀令附式中山陵ニ奉幣ノ式ノ如シ

――

○斎田点定ノ儀

当日何時神殿ヲ装飾ス　時刻大礼使高等官著床

但シ服装神宮其ノ他山陵ニ勅使発遣ノ儀ニ同シ（式部職楽部職員ハ布衣単）

次ニ御扉ヲ開ク　此ノ間神楽歌ヲ奏ス

次ニ神饌ヲ供ス　此ノ間神楽歌ヲ奏ス

次ニ掌典長祝詞ヲ奏ス

次ニ斎田点定ノ儀アリ

次ニ神饌ヲ撤ス　此ノ間神楽歌ヲ奏ス

次ニ御扉ヲ閉ツ　此ノ間神楽歌ヲ奏ス

次ニ各退下

○斎田抜穂ノ儀

当日何時斎場ヲ装飾ス　時刻大礼使高等官地方高等官著床

但シ服装神宮其ノ他山陵ニ勅使発遣ノ儀ニ同シ

次ニ抜穂使（衣冠単）随員（布衣単）ヲ従ヘ斎場ニ参進本位ニ就ク

次ニ神饌幣物ヲ供ス（抜穂使随員奉仕）

次ニ抜穂使祝詞ヲ奏ス
次ニ抜穂ノ儀アリ
次ニ幣物神饌ヲ撤ス　抜穂使随員奉仕
次ニ各退下

○京都ヘ行幸ノ儀

当日何時賢所御殿ヲ装飾ス　時刻大礼使高等官著床
但シ服装大礼服正装正服関係諸員亦同シ　式部職掌典部楽部職員中掌典長、掌典次長、掌典、楽官ハ衣冠単、其ノ他ハ布衣単
次ニ御扉ヲ開ク　此ノ間神楽歌ヲ奏ス
次ニ神饌ヲ供ス　此ノ間神楽歌ヲ奏ス
次ニ掌典長祝詞ヲ奏ス
次ニ天皇御代拝　侍従奉仕、衣冠単、以下天皇御代拝ノ項ニ於テ別ニ分注ヲ施サヽルモノハ皆本儀ニ同シ
次ニ皇后御代拝　女官奉仕、袿袴、以下皇后御代拝ノ項ニ於テ別ニ分注ヲ施サヽルモノハ皆本儀ニ同シ
次ニ神饌ヲ撤ス　此ノ間神楽歌ヲ奏ス
次ニ御車ヲ御殿ノ南階ニ簀ス
次ニ賢所御車ニ乗御　掌典奉仕
時刻文武高官有爵者優遇者並夫人停車場ニ参集ス
但シ服装男子ハ大礼服正装正服服制ナキ者ハ通常礼服女子ハ通常服関係諸員亦同シ　鹵簿ニ奉仕スル掌典長、掌典ハ衣冠単、帯剣

次ニ皇太子皇太子妃親王親王妃内親王王王妃女王停車場ニ参著ス
次ニ賢所御車宮城出御
天皇皇后宮城出御
鹵簿ハ第一公式ヲ用ヰ供奉諸員中ニ大礼使高等官掌典長掌典ヲ加フ
次ニ停車場ニ著御　此ノ時諸員奉迎
次ニ御発軔　此ノ時諸員奉送
次ニ京都ニ著御　此ノ時在京都親王親王妃内親王王王妃女王文武高官有爵者優遇者並夫人（服装奉送諸員ニ同シ）停車場ニ奉迎ス
次ニ停車場出御　鹵簿宮城出御ノ時ノ如シ
次ニ皇宮ニ著御

○賢所春興殿ニ渡御ノ儀

当日何時御殿ヲ装飾ス　時刻大礼使高等官著床但シ服装京都ニ行幸ノ儀ニ於ケル賢所著床ノ時ノ如シ
次ニ賢所殿内ニ渡御（掌典奉仕）
次ニ神饌ヲ供ス
次ニ掌典祝詞ヲ奏ス
次ニ天皇御代拝
次ニ皇后御代拝

次ニ神饌ヲ撤ス
次ニ御扉ヲ閉ツ
次ニ各退下

○即位礼当日皇霊殿神殿ニ奉告ノ儀

当日何時御殿ヲ装飾ス　時刻大礼使高等官著床
　但シ服装大礼服（白下衣袴）正装正服関係諸員亦同シ（式部職掌典部職員中掌典次長、掌典、楽官ハ衣冠単、其ノ他ハ布衣単）
次ニ御扉ヲ開ク　此ノ間神楽歌ヲ奏ス
次ニ神饌幣物ヲ供ス　此ノ間神楽歌ヲ奏ス
次ニ掌典次長祝詞ヲ奏ス
次ニ勅使（侍従奉仕、束帯）拝礼御祭文ヲ奏ス
次ニ皇后宮使（女官奉仕、五衣、唐衣、裳）拝礼
次ニ諸員拝礼
次ニ幣物神饌ヲ撤ス　此ノ間神楽歌ヲ奏ス
次ニ御扉ヲ閉ツ　此ノ間神楽歌ヲ奏ス
次ニ各退下

○即位礼当日賢所大前ノ儀

当日早旦御殿ヲ装飾ス

其ノ儀本殿ノ簾、幌並壁代ヲ更メ内陣ノ中央ニ天皇ノ御座短帖ヲ設ケ側ニ剣璽ノ案ヲ安ク其ノ東方ニ皇后ノ御座短帖ヲ設ク

時刻建礼門及建春門ヲ開ク皇宮警部之ヲ警固ス

時刻文武高官有爵者優遇者並夫人及外国交際官並夫人朝集所ニ参集ス

但シ服装男子ハ大礼服白下衣袴正装正服服制ナキ者ハ通常礼服女子ハ大礼服関係諸員亦同シ式部職掌典部楽部職員中掌典長、掌典ハ束帯（纔著）、楽官其ノ他ハ衣冠単

次ニ皇太子皇太子妃親王親王妃内親王王王妃女王宜陽殿ニ参入ス

次ニ天皇皇后宜陽殿ニ渡御

次ニ天皇ニ御服御束帯帛御袍、未成年ナルトキハ空頂御黒幘ヲ供ス侍従奉仕

次ニ天皇ニ御手水ヲ供ス同上

次ニ天皇ニ御笏ヲ供ス同上

次ニ皇后ニ御服御五衣、御唐衣、御裳ヲ供ス女官奉仕

次ニ皇后ニ御手水ヲ供ス同上

次ニ皇后ニ御檜扇ヲ供ス同上

此ノ間供奉諸員皇太子、皇太子妃、親王、親王妃、内親王、王、王妃、女王、宮内大臣、内大臣、侍従長、大礼使長官、式部長官、侍従、皇后宮大夫、大礼使次官、式部次官、女官服装ヲ易フ男子ハ束帯（纔著）、帯剣、女子ハ五衣、唐衣、裳

次ニ儀仗兵建礼門外並建春門外ニ整列ス

次ニ大礼使高等官左右各三人南門外掖ニ参進衛門ノ本位ニ就ク
　但シ服装束帯 冠巻纓緌、縹袍（闕腋纔著）錦裲襠、錦摂腰、単、下襲、半臂、大口、表袴、白布帯、緋脛巾 剣 平緒ヲ附ス 平胡籙、箭ヲ挿ム 弓、絲鞋

次ニ大礼使高等官左右各一人同判任官左右各六人ヲ率ヰ司鉦司鼓ノ本位ニ就ク
　但シ服装高等官ハ束帯、冠垂纓、緋袍（縫腋）、単、下襲（纔著）、大口、表袴、石帯 剣 平緒ヲ附ス 靴、判任官ハ束帯、冠細纓緌、縹袍（闕腋纔著）、単、白布袴、白布帯、白布脛巾 剣、平緒ヲ附ス
　絲鞋

次ニ大礼使高等官左右各二十人威儀物 太刀八口両面（錦嚢ニ納ル）、弓八張（赤色綾嚢ニ納ル）、壺胡籙八具（紫色綾嚢ニ納ル）、桙八竿、楯八枚 ヲ捧持シ参進本位ニ就ク
　但シ服装束帯、冠垂纓、袍（縫腋）単、下襲（纔著）、大口、表袴 剣、平緒ヲ附ス 靴 太刀捧持者ハ黒袍、弓及胡籙捧持者ハ緋袍、桙及楯捧持者ハ縹袍

次ニ大礼使高等官左右各十人参進威儀ノ本位ニ就ク
　但シ服装束帯、冠巻纓緌、袍（闕腋纔著）、挂甲、肩当、錦摂腰、単、大口、表袴、白布帯 剣、平緒ヲ附ス 胡籙、箭ヲ挿ム 弓、靴 前列者ハ黒袍、平胡籙、後列者ハ緋袍、壺胡籙

次ニ鉦及鼓ヲ撃ツ 各三下 諸員列立

次ニ大礼使高等官前導朝集所ニ参集ノ諸員参進本位ニ就ク

次ニ御扉ヲ開ク　此ノ間神楽歌ヲ奏ス

次ニ神饌 折敷高坏六基、折櫃四十合 幣物ヲ供ス　此ノ間神楽歌ヲ奏ス

次ニ掌典長祝詞ヲ奏ス

次ニ天皇出御
　式部長官宮内大臣前行シ侍従剣璽ヲ奉シ侍従長侍従侍従武官長侍従武官御後ニ候シ皇太子親王王内閣総理大臣内大臣大礼使長官供奉ス

次ニ皇后出御
　式部次官皇后宮大夫前行シ女官御後ニ候シ皇太子妃親王妃内親王王妃女王大礼使次官供奉ス
次ニ天皇内陣ノ御座ニ著御侍従剣璽ヲ案上ニ奉安ス
次ニ皇后内陣ノ御座ニ著御
　皇太子皇太子妃親王親王妃内親王王王妃女王南廂ニ侍立シ内閣総理大臣宮内大臣内大臣侍従長式部長官侍従皇后宮大夫式部次官女官其ノ後ニ侍立ス侍従武官長侍従武官便宜ノ所ニ候ス
次ニ天皇御拝礼御告文ヲ奏ス御鈴内掌典奉仕
次ニ皇后御拝礼
次ニ皇太子皇太子妃親王親王妃内親王王王妃女王拝礼
次ニ天皇皇后入御　供奉出御ノ時ノ如シ
次ニ諸員拝礼
次ニ幣物神饌ヲ撤ス　此ノ間神楽歌ヲ奏ス
次ニ御扉ヲ閉ツ　此ノ間神楽歌ヲ奏ス
次ニ鉦及鼓ヲ撃ツ各三下
次ニ各退下
　（注意）　天皇襁褓ニ在ルトキハ皇太后皇太后ナキトキハ内親王又ハ親王妃奉抱シ御座ニ著御女官外陣ニ候ス皇太后ノ御服ハ皇后ニ同シ御告文ハ摂政束帯（纔著）御座ノ傍ニ参進之ヲ奏ス

○即位礼当日紫宸殿ノ儀

当日早旦御殿ヲ装飾ス

其ノ儀本殿ノ南栄ニ日像（五綵瑞雲ヲ副フ）ノ繡帽額ヲ懸ク母屋ノ中央南面ニ三層継壇（黒漆）ヲ立テ高御座ヲ安ク其ノ蓋上中央ノ頂ニ大鳳形（金色）一翼、棟上ノ八角ニ小鳳形（金色）各一翼、搏風（毎角瑞雲ヲ絵ク）ノ上南北ニ角ニ大鏡各一面、小鏡各四面、（毎鏡両傍ニ金銅彫鏤ノ八花形及唐草形ヲ立テ各白玉ヲ嵌入ス）其ノ他ノ六角ニ大鏡各一面、（両傍ニ金銅彫鏤ノ八花形及唐草形ヲ立テ各白玉ヲ嵌入ス）小鏡各ニ面ヲ立ツ蓋下ノ中央ニ大円鏡一面、棟下ノ八角ニ玉旛各一旒、其ノ内面ニ御帳、（深紫色小葵形綾、裏緋色帛）御帳ノ上層ニ金銅彫鏤ノ唐草形帽額及蛇舌ヲ懸ク壇上第一層及第二層ニ赤地錦ヲ敷ク第三層ニ青地錦ヲ敷キ其ノ上ニ繧繝縁畳二枚、大和錦縁龍鬢土敷一枚、大和軟錦毯代一枚、東京錦毯代一枚ヲ累敷シ御椅子ヲ立テ左右ニ螺鈿案各一脚ヲ安ク継壇ノ下南東西三面ニ両面錦ヲ敷キ其ノ北階ノ下ヨリ後房ニ至ル間筵道ヲ敷ク

高御座ノ東方ニ皇后ノ御座ヲ設ク其ノ儀三層継壇（黒漆）ヲ立テ御帳台（八角、棟端ヲ蕨手ニ作ル）ヲ安ク其ノ蓋上中央ノ頂ニ霊鳥形（金色）一翼ヲ立テ棟下ノ八角ニ玉旛各一旒、其ノ内面ニ御帳（浅紫色小葵形綾、裏緋色帛）ヲ懸ク其ノ他ノ装飾高御座ニ準ス

軒廊ノ後面ニ綵綾軟障ヲ作リ前面ニ青簾ヲ懸ク

南庭桜樹ノ南方ニ日像纛旛（赤地錦ニ日像ヲ繍シ纛竿ニ懸ク）一旒、橘樹ノ南方ニ月像纛旛（白地錦ニ月像ヲ繍シ纛竿ニ懸ク）一旒ヲ樹ツ日像纛旛ノ南ニ頭八咫烏形大錦旛（五彩瑞雲ノ錦ニ頭八咫烏形ヲ繍シ戟竿ニ懸ク）一旒、月像纛旛ノ南ニ霊鵄形大錦旛（五彩瑞雲ノ錦ニ金色霊鵄ヲ繍シ戟竿ニ懸ク）一旒、菊花章中錦旛（青地錦、黄地錦、赤地錦、白地錦、紫地錦各一旒、金絲ヲ以テ菊花章ヲ繍シ戟竿ニ懸ク）菊花章小錦旛（同上）左右各五旒、順次之ヲ樹ツ大錦旛ノ前面ニ万歳旛（赤地錦、

（上ニ厳甍及魚形ヲ繍シ下ニ金泥ヲ以テ万歳ノ二字ヲ書シ戟竿ニ懸ク）左右各一旒ヲ樹テ小錦旛ノ前面ニ鉦鼓（火焔台ニ懸ク）左右各三面、桙（金鐏、黒漆柄、赤色錦旛、金繍䩜絵）左右各十竿ヲ布列ス

時刻儀仗兵建礼門外並建春門外ニ整列ス

時刻文武高官有爵者優遇者並夫人及外国交際官並夫人日華門外並承明門外ニ列立ス（両門外ニ列立スル者ノ区別ハ時ニ臨ミ之ヲ定ム）

但シ服装賢所大前ノ儀ノ如シ関係諸員ノ服装同儀ニ於テ各別ニ注記シタルモノ亦同シ――

次ニ大礼使高等官三十人、承明門、日華門、月華門、（以上左右各三人）長楽門、永安門（以上左右各二人）及左掖門、右掖門（以上左右各一人）ノ外掖壇下ニ参進衛門ノ本位ニ就ク

次ニ大礼使高等官左右各一人同判任官左右各六人ヲ率ヰ日華門及月華門ヨリ参入シ司鉦司鼓ノ本位ニ就ク

次ニ大礼使高等官左右各二十人威儀物ヲ捧持シ日華門及月華門ヨリ参入シ中錦旛ノ前面ニ参進本位ニ就ク

次ニ大礼使高等官左右各十人日華門及月華門ヨリ参入シ南庭桜橘ノ前面ニ参進威儀ノ本位ニ就ク

次ニ鉦及鼓ヲ撃ツ（各三下）諸員列立

次ニ大礼使高等官前導門外列立ノ諸員殿上ノ東廂又ハ軒廊ニ参進（東参進廂者ハ日華門ヨリ入リ軒廊参進者ハ承明門東西両廂ヨリ入ル）各其ノ本位ニ就ク

次ニ式部長官式部次官殿上ノ南廂ニ参進本位ニ就ク式部官（束帯帯剣）之ニ従フ

次ニ大礼使長官大礼使次官殿上ノ南廂ニ参進式部長官式部次官ノ上班ニ就ク

次ニ内閣総理大臣宮内大臣殿上ノ南廂ニ参進大礼使長官大礼使次官ノ上班ニ就ク

次ニ皇太子親王王高御座前面ノ壇下ニ参進本位ニ就ク

次ニ式部官警蹕ヲ称フ

次ニ天皇御服賢所ニ期日奉告ノ儀ニ同シ、以下天皇ノ御服ニ付キ別ニ分注ヲ施サヽルモノハ皆之ニ倣フ高御座北階ヨリ昇御侍従剣璽ヲ御帳中ノ案上ニ奉安シ御笏ヲ供ス

内大臣高御座ニ昇リ御帳外東北隅ニ候シ侍従長侍従侍従武官長侍従武官高御座後面ノ壇下ニ侍立ス

次ニ皇后御服即位礼当日賢所大前ノ儀ニ同シ、以下皇后ノ御服ニ付キ別ニ分注ヲ施サヽルモノハ皆之ニ倣フ御帳台北階ヨリ昇御女官御檜扇ヲ供ス

皇太子妃親王妃内親王王妃女王御帳台前面壇下ニ参進本位ニ就キ皇后宮大夫女官御帳台ノ後面ノ壇下ニ侍立ス

次ニ侍従二人分進高御座ノ東西両階ヨリ壇上ニ昇リ御帳ヲ搴ク訖テ座ニ復ス

次ニ女官二人分進御帳台ノ東西両階ヨリ壇上ニ昇リ御帳ヲ搴ク訖テ座ニ復ス

次ニ天皇御笏ヲ端シ立御

次ニ皇后御檜扇ヲ執リ立御

次ニ諸員最敬礼

次ニ内閣総理大臣西階ヲ降リ南庭ニ北面シテ立ツ

次ニ勅語アリ

次ニ内閣総理大臣南階ヲ昇リ南栄ノ下ニ於テ寿詞ヲ奏シ南階ヲ降ル

次ニ内閣総理大臣万歳旛ノ前面ニ参進万歳ヲ称フ三声諸員之ニ和ス訖テ西階ヲ昇リ座ニ復ス

次ニ天皇皇后入御　警蹕出御ノ時ノ如シ

次ニ鉦及鼓ヲ撃ツ（各三下）

次ニ各退下

（注意）天皇襁褓ニ在ルトキハ皇太后（皇太后ナキトキハ内親王又ハ親王妃）奉抱シ高御座帳内ニ御シ女官御帳外壇上西北隅ニ候ス皇太后ノ御服ハ皇后ニ同シ天皇未成年ナルトキハ摂政（束帯纔著）御帳外壇上東北隅ニ候シ内大臣ノ上班ニ就ク又勅語ノ項ヲ「摂政御帳ノ前面ニ参進勅語ヲ伝宣ス」トス

○即位礼後一日賢所御神楽ノ儀

当日何時御殿ヲ装飾ス

時刻文武高官有爵者優遇者並夫人朝集所ニ参集ス

但シ服装賢所ニ期日奉告ノ儀ニ同シ

次ニ皇太子皇太子妃親王親王妃内親王王王妃女王宜陽殿ニ参入ス

次ニ天皇皇后宜陽殿ニ渡御（以下天皇ニ御服、御手水、御笏、皇后ニ御服、御手水、御檜扇ヲ供シ及供奉諸員服装ヲ易フルノ儀アリ総テ賢所ニ期日奉告ノ儀ニ同キヲ以テ今其ノ項ヲ掲ケス但シ供奉員中皇族女子ノ服装ハ五衣、小袿、長袴トス）

次ニ大礼使高等官著床

次ニ大礼使高等官前導諸員参進本位ニ就ク

次ニ御扉ヲ開ク　此ノ間神楽歌ヲ奏ス

次ニ神饌幣物ヲ供ス　此ノ間神楽歌ヲ奏ス

次ニ掌典長祝詞ヲ奏ス

次ニ天皇出御

式部長官宮内大臣前行シ侍従剣璽ヲ奉シ侍従長侍従侍従武官長侍従武官御後ニ候シ皇太子親王王内大臣大礼使長官供奉ス

次ニ皇后出御

式部次官皇后宮大夫前行シ女官御後ニ候シ皇太子妃親王妃内親王王妃女王大礼使次官供奉ス

次ニ天皇内陣ノ御座ニ著御侍従剣璽ヲ案上ニ奉安ス

次ニ皇后内陣ノ御座ニ著御

次ニ天皇御拝礼　御鈴内掌典奉仕

次ニ皇后御拝礼

次ニ皇太子皇太子妃親王親王妃内親王王王妃女王拝礼

次ニ御神楽

次ニ天皇皇后入御　供奉出御ノ時ノ如シ

次ニ諸員拝礼

次ニ幣物神饌ヲ撤ス　此ノ間神楽歌ヲ奏ス

次ニ御扉ヲ閉ツ　此ノ間神楽歌ヲ奏ス

次ニ各退下

○大嘗祭前一日鎮魂ノ儀

其ノ儀皇室祭祀令附式中新嘗祭前一日鎮魂ノ式ノ如シ

但シ大礼使高等官著床ス其ノ服装ハ総テ斎田点定ノ儀ニ同シ

○神宮皇霊殿神殿並官国幣社ニ勅使発遣ノ儀

其ノ儀神武天皇山陵並前帝四代山陵ニ勅使発遣ノ式ニ準ス
但シ地方長官ニ勅使ヲ命セラレタル場合ニハ大礼使長官祭文並幣物ヲ奉受シ各地方庁ニ送致ス

○大嘗祭当日神宮ニ奉幣ノ儀

其ノ儀神宮ノ祭式ニ依ル

○大嘗祭当日皇霊殿神殿ニ奉幣ノ儀

其ノ儀即位礼当日皇霊殿神殿ニ奉告ノ式ニ準ス

○大嘗祭当日賢所大御饌供進ノ儀

当日早旦御殿ヲ装飾ス　時刻皇宮警部御殿ノ南門ヲ警固ス
次ニ大礼使高等官著床
但シ服装大礼服 白下衣袴 正装正服関係諸員亦同シ 式部職掌典部楽部職員中掌典長、掌典次長、掌典ハ束帯、楽官其ノ他ハ衣冠単
次ニ御扉ヲ開ク　此ノ間神楽歌ヲ奏ス
次ニ神饌ヲ供ス　此ノ間神楽歌ヲ奏ス
次ニ掌典長祝詞ヲ奏ス
次ニ御鈴ノ儀アリ 内掌典奉仕
次ニ天皇御代拝 侍従奉仕束帯

次ニ皇后御代拝（女官奉仕、五衣、唐衣、裳）

次ニ諸員拝礼

次ニ神饌ヲ撤ス　此ノ間神楽歌ヲ奏ス

次ニ御扉ヲ閉ツ　此ノ間神楽歌ヲ奏ス

次ニ各退下

○大嘗宮ノ儀

当日早旦大嘗宮ヲ装飾ス　時刻外門ヲ開ク皇宮警部之ヲ警固ス

次ニ文武高官有爵者優遇者並夫人朝集所ニ参集ス

　但シ服装即位礼当日賢所大前ノ儀ニ同シ女子ハ袿袴ヲ以テ大礼服ニ代フ

次ニ皇太子皇太子妃親王親王妃内親王王王妃女王頓宮ニ参著ス

次ニ天皇皇后頓宮ニ著御

時刻儀仗兵正門外ニ整列ス

次ニ大礼使高等官二十人南北両面神門（左右各三人）東西両面神門（左右各二人）ノ外掖ニ参進衛門ノ本位ニ就ク

　但シ服装束帯、（冠巻纓緌、縹袍（闕腋纔著）、単、下襲、半臂、大口、表袴、石帯）剣、（平緒ヲ附ス）平胡籙、（箭ヲ挿ム）弓、浅沓、小忌衣ヲ加ヘ日蔭蔓ヲ著ク

次ニ大礼使高等官左右各六人南面ノ神門内掖ニ参進威儀ノ本位ニ就ク

　但シ服装束帯、（冠巻纓緌、袍（縫腋）、単、下襲（纔著）、大口、表袴、石帯）剣、（平緒ヲ附ス）胡籙、（箭ヲ挿ム）弓、浅沓、小忌衣ヲ加ヘ日蔭蔓ヲ著ク（前列者ハ黒袍　後列者ハ緋袍）

次ニ悠紀主基両殿ノ神座ヲ奉安ス（掌典長、掌典次長、掌典及掌典補ヲ率ヰ之ヲ奉仕ス、束帯（纔著、勅任官及四位以上ノ者ニ在リテハ黒袍、奏任官及五位ノ者ニ在リテハ緋袍、其ノ他ノ者ニ在リテハ縹袍）小忌衣ヲ加ヘ日蔭蔓ヲ著ク楽官亦同シ）

次ニ繒服並麁服案上ニ載スヲ各殿ノ神座ニ安ク掌典長奉仕

次ニ各殿ニ斎火ノ灯燎ヲ点ス掌典掌典補ヲ率ヰ之ヲ奉仕ス

此ノ時庭燎ヲ焼ク火炬手服装冠細纓緌、桃花染布衫、白布単、白布袴、白布帯、藁脛巾、麻鞋

○悠紀殿供饌ノ儀

時刻天皇廻立殿ニ渡御

次ニ小忌御湯ヲ供ス侍従奉仕

次ニ御祭服御幘（未成年ナルトキハ之ヲ供セス）、御斎衣、御下襲、御衵、御単、御表袴、御大口、御石帯、御襪ヲ供ス同上

次ニ御手水ヲ供ス同上

次ニ御笏ヲ供ス同上

此ノ間供奉諸員皇太子、親王、王、宮内大臣、内大臣、侍従長、大礼使長官、式部長官、侍従、式部官服装ヲ易フ束帯（纔著）、帯剣、小忌衣ヲ加ヘ日蔭蔓ヲ著ク

次ニ皇后廻立殿ニ渡御

次ニ御服ヲ供ス女官奉仕

次ニ御手水ヲ供ス同上

次ニ御檜扇ヲ供ス同上

此ノ間供奉諸員皇太子妃、親王妃、内親王、王妃、女王、皇后宮大夫、大礼使次官、式部次官、式部官、女官服装ヲ易フ男子ハ束帯（纔著）、帯剣、小忌衣ヲ加ヘ日蔭蔓ヲ著ク女子ハ五衣、唐衣、裳、小忌衣ヲ加ヘ日蔭絲並心葉ヲ著ク

次ニ大礼使高等官前導朝集所ニ参集ノ諸員南面ノ神門外ノ幄舎ニ参進本位ニ就ク

次ニ膳屋ニ稲舂歌ヲ発シ楽官奉仕神饌ヲ調理ス掌典掌典補ヲ率ヰ之ヲ奉仕ス

次ニ本殿南庭ノ帳殿ニ庭積ノ机代物ヲ安ク掌典掌典補ヲ率ヰ之ヲ奉仕ス

次ニ掌典長本殿ニ参進祝詞ヲ奏ス

次ニ天皇本殿廻立殿ヨリ悠紀殿ニ至ル廻廊下ノ御路ニ布単ヲ鋪キ其ノ上ニ葉薦ヲ鋪クニ進御

式部長官宮内大臣前行シ侍従左右各一人脂燭ヲ秉ル御前侍従剣璽ヲ奉シ御後侍従御菅蓋ヲ捧持シ御綱ヲ張ル侍従長侍従侍従武官長侍従武官御後ニ候シ皇太子親王王国務各大臣枢密院議長内大臣大礼使長官供奉ス

此ノ時掌典長本殿南階ノ下ニ候シ式部官左右各一人脂燭ヲ秉リ南階ノ下ニ立ツ

次ニ侍従剣璽ヲ奉シ南階ヲ昇リ外陣ノ幌内ニ参進剣璽ヲ案上ニ奉安シ西面ノ幌外ニ退下簀子ニ候ス

次ニ天皇外陣ノ御座ニ著御侍従長掌典長南階ヲ昇リ簀子ニ候ス

此ノ時皇太子親王王国務各大臣以下供奉諸員本殿南庭小忌ノ幄舎ニ著床ス

次ニ皇后本殿南庭ノ帳殿ニ進御

式部次官皇后宮大夫前行シ式部官左右各一人脂燭ヲ秉ル女官御後ニ候シ皇太子妃親王妃内親王王妃女王大礼使次官供奉ス

次ニ皇后帳殿ノ御座ニ著御女官殿外ニ候ス

此ノ時皇太子妃親王妃内親王王妃女王其ノ他供奉諸員殿外小忌ノ幄舎ニ著床ス

次ニ大礼使高等官束帯（纔著）、帯剣、小忌衣ヲ加ヘ日蔭蔓ヲ著ク楽官ヲ率ヰ本殿南庭ノ本位ニ就ク

次ニ悠紀ノ地方長官服装大礼使高等官ニ同シ楽官ヲ率ヰ大礼使高等官ノ東方ノ本位ニ就ク

次ニ国栖ノ古風ヲ奏ス
次ニ悠紀地方ノ風俗歌ヲ奏ス
次ニ皇后御拝礼
次ニ皇太子皇太子妃親王親王妃内親王王王妃女王拝礼
次ニ諸員拝礼
次ニ皇后廻立殿ニ還御　供奉進御ノ時ノ如シ
次ニ皇太子親王王本殿ニ参進南階ヲ昇リ簀子ニ候ス
次ニ本殿南庭ノ廻廊ニ神饌ヲ行立ス
其ノ儀掌典補左右各一人脂燭ヲ秉リ掌典一人削木ヲ執ル同一人海老鰭盥槽ヲ執リ同一人多志良加ヲ執ル陪膳女官 五衣、唐衣、裳、小忌衣ヲ加ヘ日蔭絲並心葉ヲ著ク 一人御刀子筥ヲ執リ後取女官 服装同上 一人御巾子筥ヲ執ル女官 白色帛画衣、唐衣、紅切袴、青摺襷、日蔭絲並心葉ヲ著ク、以下皆同シ 一人神食薦ヲ執リ同一人御食薦ヲ執ル同一人御箸筥ヲ執リ同一人御枚手筥ヲ執ル同一人御飯筥ヲ執リ同一人鮮物筥ヲ執ル同一人干物筥ヲ執リ同一人御菓子筥ヲ執ル掌典一人蚫汁漬ヲ執リ同一人海藻汁漬ヲ執ル掌典補二人空盞ヲ執リ同二人御羹八足机ヲ舁ク同二人御酒八足机ヲ舁キ同二人御粥八足机ヲ舁キ同二人御直会八足机ヲ舁ク
次ニ削木ヲ執レル掌典本殿南階ノ下ニ立チ警蹕ヲ称フ此ノ時神楽歌ヲ奏ス
次ニ天皇内陣ノ御座ニ著御皇太子親王王侍従長 帯剣ヲ解ク 掌典長外陣ノ幌内ニ参入奉侍ス
次ニ御手水ヲ供ス 陪膳女官奉仕

次ニ神饌御親供

次ニ御拝礼御告文ヲ奏ス

次ニ御直会

次ニ神饌撤下（陪膳女官奉仕）

次ニ御手水ヲ供ス（上同）

次ニ神饌膳舎ニ退下　其ノ儀行立ノ時ノ如シ

次ニ廻立殿ニ還御供奉進御ノ時ノ如シ

次ニ各退下

（注意）天皇襁褓ニ在ルトキハ出御ナシ神饌ハ掌典長之ヲ供進ス供奉スヘキ諸員ハ直ニ小忌幄舎ニ著床ス

○主基殿供饌ノ儀

其ノ儀悠紀殿供饌ノ式ノ如シ

○即位礼及大嘗祭後大饗第一日ノ儀

当日早旦豊楽殿ヲ装飾ス

其ノ儀本殿ノ北廂ニ錦軟障（千年松山水ノ図）ヲ設ケ東北隅ニ悠紀地方風俗歌ノ屛風、西北隅ニ主基地方風俗歌ノ屛風ヲ立ツ母屋ノ四面ニ壁代ヲ作リ之ヲ搴ケ其ノ中央ニ天皇ノ御座、（平鋪御座）東方ニ皇后ノ御座（平鋪御座）ヲ設ケ各御椅子並御台盤ヲ立ツ南東西三廂ノ周囲ニ青簾ヲ懸ケ之ヲ搴ケ其ノ内ニ諸員陪宴ノ第一座ヲ設ケ床子並台盤ヲ立ツ顕陽、承歓、観徳、明義各堂ノ後面ニ綵綾軟障ヲ設ケ前面ニ青簾ヲ懸ケ之ヲ搴ケ其ノ内ニ諸員陪宴ノ第二座ヲ分設シ床子並台盤ヲ立ツ南庭ノ中央ニ舞台ヲ構ヘ其ノ東南隅ニ楽官ノ幄ヲ設ク

時刻文武高官有爵者優遇者並夫人及外国交際官並夫人朝集所ニ参集ス

　但シ服装即位礼当日賢所大前ノ儀ニ同シ各地ニ於テ饗饌ヲ賜フヘキ者亦同シ

次ニ儀鸞、逢春、承秋、嘉楽、高陽ノ各門ヲ開ク皇宮警部之ヲ警固ス

次ニ大礼使高等官前導諸員殿上ノ廂又ハ顕陽、承歓、観徳、明義ノ各堂（廂及各堂ニ参進スル者ノ区別ハ時ニ臨ミ之ヲ定ム）ニ参進（殿上参進者ハ逢春門ヨリ入リ東階ヲ昇ル顕陽堂承歓堂参進者ハ嘉楽門ヨリ入リ観徳堂明義堂参進者ハ高陽門ヨリ入ル）各其ノ本位ニ就ク

次ニ式部官警蹕ヲ称フ

次ニ天皇（御正装）出御　式部長官宮内大臣前行シ侍従剣璽ヲ奉シ侍従長侍従侍従武官長侍従武官御後ニ候シ皇太子親王王内大臣大礼使長官供奉ス

次ニ皇后（御大礼服）出御　式部次官皇后宮大夫前行シ女官御後ニ候シ皇太子妃親王妃内親王王妃女王大礼使次官供奉ス

次ニ天皇御座ニ着御侍従剣璽ヲ案上ニ奉安ス

次ニ皇后御座ニ着御

次ニ供奉員各本位ニ就ク

次ニ勅語アリ

次ニ内閣総理大臣奉対ス

次ニ外国交際官首席者奉対ス
次ニ天皇皇后ニ白酒黒酒ヲ供ス（侍従並女官奉仕）
次ニ諸員ニ白酒黒酒ヲ賜フ
次ニ式部長官悠紀主基両地方献物ノ色目ヲ奏ス　此ノ時両地方ノ献物ヲ南栄ニ排列ス（内舎人奉仕）
次ニ天皇皇后ニ御膳並御酒ヲ供ス（侍従並女官奉仕）
次ニ諸員ニ膳並酒ヲ賜フ
次ニ久米舞ヲ奏ス
次ニ天皇皇后ニ御殽物ヲ益供ス（侍従並女官奉仕）
次ニ諸員ニ殽物ヲ益賜ス
次ニ悠紀主基両地方ノ風俗舞ヲ奏ス
次ニ大歌及五節舞ヲ奏ス
次ニ天皇皇后ニ挿華ヲ供ス（侍従並女官奉仕）
次ニ諸員ニ挿華ヲ賜フ
次ニ天皇皇后入御　供奉警蹕出御ノ時ノ如シ
次ニ各退下
当日文武官有爵者優遇者並夫人ニシテ召サレサル者ニハ各其ノ所在地ニ於テ饗饌ヲ賜フ但シ饗饌ヲ賜フヘキ者ノ範囲及其ノ場所ハ時ニ臨ミ之ヲ定ム

（注意）天皇未成年ナルトキハ勅語ノ項ヲ「摂政御座ノ前面ニ参進シ東方ニ侍立シ勅語ヲ伝宣ス」トス

○即位礼及大嘗祭後大饗第二日ノ儀

当日何時文武高官有爵者優遇者並夫人及外国交際官並夫人ニ条離宮内ノ朝集所ニ参集ス

但シ服装大饗第一日ノ儀ニ同シ

次ニ皇太子皇太子妃親王親王妃内親王王王妃女王ニ条離宮ニ参着ス

次ニ天皇皇后ニ条離宮ニ行幸啓

次ニ大礼使高等官前導諸員正寝ニ参進本位ニ就ク

次ニ天皇（御正服）皇后（御大礼服）出御　式部長官宮内大臣前行シ侍従長侍従侍従武官長侍従武官皇后宮大夫女官御後ニ候シ皇太子皇太子妃親王親王妃内親王王王妃女王大礼使長官供奉ス

次ニ天皇皇后御座ニ著御

次ニ陪宴スヘキ供奉員本位ニ就ク

次ニ賜宴　此ノ間奏楽

次ニ天皇皇后入御　供奉出御ノ時ノ如シ

次ニ各退下

○即位礼及大嘗祭後大饗夜宴ノ儀

時刻文武高官有爵者優遇者並夫人及外国交際官並夫人ニ条離宮内ノ朝集所ニ参集ス

但シ服装践祚後朝見ノ儀ニ同シ
次ニ大礼使高等官前導諸員正寝ニ参進本位ニ就ク
次ニ天皇（御正装）皇后（御中礼服）出御　式部長官宮内大臣前行シ侍従長侍従侍従武官長侍従武官皇后宮大夫女官御後ニ候シ皇太子皇太子妃親王親王妃内親王王王妃女王大礼使長官供奉ス
次ニ舞楽（万歳楽太平楽二曲）ヲ奏ス
次ニ賜宴　此ノ間奏楽
次ニ天皇皇后入御　供奉出御ノ時ノ如シ
次ニ各退下

○即位礼及大嘗祭後神宮ニ親謁ノ儀

当日何時頓宮出御
次ニ天皇板垣御門外ニ於テ御下乗　式部長官宮内大臣前行シ御前侍従剣璽ヲ奉シ御後侍従御菅蓋ヲ捧持シ御綱ヲ張リ御笏筥ヲ奉ス侍従長侍従侍従武官長侍従武官御後ニ候シ皇太子親王王内大臣大礼使長官供奉ス（衣冠単、但シ侍従武官長、侍従武官ハ正装正服、以下天皇供奉員ノ服装ニ付キ別ニ分注ヲ施サゝルモノハ皆本儀ニ同シ）
次ニ皇后板垣御門外ニ於テ御下乗　皇后宮大夫前行シ式部官御菅蓋ヲ捧持シ御綱ヲ張リ女官御檜扇筥ヲ奉シ御後ニ候ス皇太子妃親王妃内親王王妃女王大礼使次官供奉ス（男子ハ衣冠単女子ハ袿袴以下皇后供奉員ノ服装ニ付キ衣冠単、別ニ分注ヲ施サゝルモノハ皆本儀ニ同シ）
次ニ外玉垣御門外ニ於テ天皇皇后ニ大麻御塩ヲ奉ル（神宮禰宜奉仕）
次ニ内玉垣御門内ニ於テ天皇皇后ニ御手水ヲ供ス（侍従並女官奉仕）　此ノ時祭主大少宮司正殿ノ御扉ヲ開キ御幌ヲ

搴ケ御供進ノ幣物ヲ殿内ノ案上ニ奉安シ御階ノ下ニ候ス

次ニ天皇瑞垣御門内ニ進御　掌典長衣冠単　前行シ御前侍従剣璽ヲ奉シ御後侍従御菅蓋ヲ捧持シ御綱ヲ張リ御笏筥ヲ奉ス侍従長御後ニ候ス供奉員中皇太子親王王ハ瑞垣御門外ニ候シ其ノ他ノ諸員ハ内玉垣御門外ニ候ス

次ニ皇后瑞垣御門内ニ進御　掌典服装掌典長ニ同シ　前行シ式部官御菅蓋ヲ捧持シ御綱ヲ張リ女官御檜扇筥ヲ奉シ御後ニ候ス供奉員中皇太子妃親王妃内親王王妃女王ハ瑞垣御門外ニ候シ其ノ他ノ諸員ハ内玉垣御門外ニ候ス

次ニ天皇正殿ノ御階ヲ昇御大床ノ御座ニ著御侍従剣璽ヲ奉シ御階ノ下ニ候ス

次ニ皇后正殿ノ御階ヲ昇御大床ノ御座ニ著御

次ニ天皇御拝礼

次ニ皇后御拝礼

次ニ皇太子皇太子妃親王親王妃内親王王王妃女王拝礼

次ニ天皇皇后頓宮ニ還御　供奉出御ノ時ノ如シ

次ニ諸員拝礼

次ニ各退下

（注意）　天皇襁褓ニ在ルトキハ正殿御階ノ下マテ女官奉抱シ大床ノ御座ニ著御ノ時ハ皇太后皇太后ナキトキハ内親王又ハ親王妃　奉抱御拝礼皇太后ノ御服ハ皇后ニ同シ以下ノ二儀之ニ倣フ

〇即位礼及大嘗祭後神武天皇山陵並前帝四代山陵ニ親謁ノ儀

当日早旦陵所ヲ装飾ス

時刻大礼使高等官著床

　但シ服装京都ニ行幸ノ儀ニ於ケル賢所著床ノ時ノ如シ

次ニ神饌幣物ヲ供ス　此ノ間奏楽

次ニ掌典長祝詞ヲ奏ス

次ニ天皇頓宮出御　式部長官宮内大臣前行シ侍従剣璽ヲ奉シ侍従長侍従侍従武官長侍従武官御後ニ候シ皇太子親王王内大臣大礼使長官供奉ス

次ニ皇后御五衣、御小袿御袴頓宮出御　皇后宮大夫前行シ女官御後ニ候シ皇太子妃親王妃内親王王妃女王大礼使次官供奉ス

次ニ天皇御拝礼

次ニ皇后御拝礼

次ニ皇太子皇太子妃親王親王妃内親王王王妃女王拝礼

次ニ天皇皇后頓宮ニ還御　供奉出御ノ時ノ如シ

次ニ諸員拝礼

次ニ幣物神饌ヲ撤ス　此ノ間奏楽

次ニ各退下

○東京ニ還幸ノ儀

其ノ儀京都ニ行幸ノ式ニ準ス

○賢所温明殿ニ還御ノ儀

其ノ儀賢所春興殿ニ渡御ノ式ノ如シ

○東京還幸後賢所御神楽ノ儀

其ノ儀皇室祭祀令附式中賢所御神楽ノ式ノ如シ

但シ皇太子皇太子妃ニ関スル儀注ヲ除キ式部職掌典部楽部職員ノ服装大礼使高等官ノ著床及天皇皇后ノ供奉員ハ即位礼後一日賢所御神楽ノ式ニ依ル

○還幸後皇霊殿神殿ニ親謁ノ儀

当日早旦御殿ヲ装飾ス

時刻大礼使高等官著床

但シ服装大礼服正装正服関係諸員（式部職掌典部職員ヲ除ク）中男子亦同シ女子ハ通常服（楽部職員ハ布衣単）

次ニ御扉ヲ開ク　此ノ間神楽歌ヲ奏ス

次ニ神饌幣物ヲ供ス　此ノ間神楽歌ヲ奏ス

次ニ掌典長祝詞ヲ奏ス

次ニ天皇出御　式部長官宮内大臣前行シ侍従御剣ヲ奉シ侍従長侍従侍従武官長侍従武官御後ニ候シ皇太子

親王王内大臣大礼使長官供奉ス――
次ニ皇后御服賢所ニ期日奉告ノ儀ニ同シ出御　皇后宮大夫前行シ女官御後ニ候シ皇太子妃親王妃内親王王妃女王大礼使次官供奉ス――
次ニ天皇内陣ノ御座ニ著御侍従御剣ヲ奉シ簀子ニ候ス
次ニ皇后内陣ノ御座ニ著御
次ニ天皇御拝礼
次ニ皇后御拝礼
次ニ皇太子皇太子妃親王親王妃内親王王王妃女王拝礼
次ニ天皇皇后入御　供奉出御ノ時ノ如シ
次ニ諸員拝礼
次ニ幣物神饌ヲ撤ス　此ノ間神楽歌ヲ奏ス
次ニ御扉ヲ閉ツ　此ノ間神楽歌ヲ奏ス
次ニ各退下

以　上

大正元年十月七日印刷
同　十月十日發行

定價金貳拾五錢

著作者　賀茂百樹
東京市麹町區富士見町三丁目一番地

發行者　大橋朗
東京市麹町區富士見町四丁目八番地

印刷者　小林又七
東京市麹町區隼町四番地
電話番町一六二九番

印刷所　小林出張所
陸軍省構內
電話新橋九四一番

大正元年十月七日印刷
同　年十月十日發行
同　二年三月十五日再版

定價金貳拾五錢

著作者　東京市麴町區富士見町三丁目一番地　賀茂百樹

發行者　東京市麴町區富士見町五丁目七番地　大橋朗

印刷者　東京市小石川區小日向臺町三丁目四十三番地　佐伯外美雄

印刷所　東京市小石川區小日向臺町三丁目四十三番地　八洲舎
電話番町一六六二番

發行所　東京市本郷區本郷五丁目二十五番地　會通社

（復刻版附録）

皇室令

朕枢密顧問ノ諮詢ヲ経テ登極令中改正ノ件ヲ裁可シ茲ニ之ヲ公布セシム

御名御璽

昭和二年十二月三十日

宮内大臣　一木喜徳郎
内閣総理大臣兼
外務大臣　男爵　田中義一
鉄道大臣　小川平吉
海軍大臣　岡田啓介
陸軍大臣　白川義則
商工大臣　中橋徳五郎
内務大臣　鈴木喜三郎
大蔵大臣　三土忠造
農林大臣　山本悌二郎
逓信大臣　望月圭介
司法大臣　原嘉道
文部大臣　水野錬太郎

皇室令第十七号

登極令中左ノ通改正ス

附式中「式部次官」ヲ「式部次長」ニ改メ「正服」ヲ削ル

附式第一編　践祚ノ式剣璽渡御ノ儀便殿班列ノ項但書中「通常服」ノ下ニ「通常礼装」ヲ加フ

同出御ノ項中分注ヲ左ノ如ク改ム

御通常礼装又ハ御通常服、御椅子ニ著御

同践祚後朝見ノ儀朝集所参集ノ項但書中「中礼服」ノ下ニ左ノ分注ヲ加フ

袿袴ヲ以テ之ニ代フルコトヲ得

附式第二編即位礼及大嘗祭ノ式賢所ニ期日奉告ノ儀朝集所参集ノ項但書分注中「掌典長、掌典次長、掌典、楽官」ヲ「高等官」ニ改ム

同神宮神武天皇山陵並前帝四代ノ山陵ニ勅使発遣ノ儀大礼使高等官式部官著床ノ項但書ヲ左ノ如ク改ム

但シ服装小礼服礼装通常礼服関係諸員亦同シ 式部職掌典部高等官ハ衣冠

同幣物ヲ辛櫃ニ納ムノ項ニ左ノ分注ヲ加フ

掌典奉仕

同神武天皇山陵並前帝四代山陵ニ奉幣ノ儀ニ左ノ但書ヲ加フ

但シ勅使ハ帯剣トシ式部職掌典部楽部職員ノ服装高等官ハ衣冠単、其ノ他ハ布衣単トス

同斎田点定ノ儀著床ノ項但書中分注ヲ左ノ如ク改ム

式部職掌典部楽部職員中高等官ハ衣冠、其ノ他ハ布衣単

同京都ニ行幸ノ儀著床ノ項但書分注中「掌典長、掌典次長、掌典、楽官」ヲ「高等官」ニ改ム

同停車場参集ノ項但書中「通常服」ノ下ニ左ノ分注ヲ加フ

　袿袴ヲ以テ之ニ代フルコトヲ得

同賢所春興殿ニ渡御ノ儀神饌ヲ供スノ項及掌典祝詞ヲ奏スノ項ヲ左ノ如ク改ム

次ニ神饌ヲ供ス

　此ノ間神楽歌ヲ奏ス

次ニ掌典長祝詞ヲ奏ス

同神饌ヲ撤スノ項及御扉ヲ閉ツノ項ヲ左ノ如ク改ム

次ニ神饌ヲ撤ス

　此ノ間神楽歌ヲ奏ス

次ニ御扉ヲ閉ツ

　此ノ間神楽歌ヲ奏ス

同即位礼当日皇霊殿神殿ニ奉告ノ儀著床ノ項但書分注中「掌典次長、掌典、楽官」ヲ「高等官」ニ改ム

同即位礼当日賢所大前ノ儀朝集所参集ノ項但書ヲ左ノ如ク改ム

　但シ服装男子ハ大礼服 白下衣袴 正装服制ナキ者ハ通常礼服女子ハ大礼服 袿袴ヲ以テ之ニ代フルコトヲ得 関係諸員亦同シ 式部職掌典部楽部職員中高等官ハ束帯（纔著）、其ノ他ハ衣冠単

同皇后ニ御服ヲ供スノ項「御服」ノ下分注ヲ左ノ如ク改ム
白色帛御五衣、同御唐衣、同御裳
同皇后ニ御檜扇ヲ供スノ項分注中「女王、」ノ下ニ「内閣総理大臣、」ヲ加ヘ「帯剣、」ヲ削ル
同威儀物捧持ノ項但書分注中「表袴」ノ下ニ「、石帯」ヲ加フ
同威儀ノ本位ニ就クノ項但書分注中「単、」ノ下ニ「下襲、半臂、」ヲ加フ
同皇后内陣ノ御座著御ノ項中「南廂ニ侍立シ」ヲ「南廂ニ、」ニ、「其ノ後ニ侍立ス」ヲ「其ノ後ニ候シ」ニ改メ「侍従長」ノ下ニ「大礼使長官」ヲ、「皇后宮大夫」ノ下ニ「大礼使次官」ヲ加フ
同即位礼当日紫宸殿ノ儀日華門外並承明門外列立ノ項中「承明門」ヲ「月華門」ニ改メ但書ノ末尾ニ左ノ分注ヲ加フ
供奉員中男子ハ帯剣
同諸員参進本位ニ就クノ項中「東廂」ヲ「東西両廂」ニ改メ分注ヲ削ル
同皇后昇御ノ項分注中「御服即位礼当日賢所大前ノ儀ニ同シ、」ヲ「御五衣、御唐衣、御裳、」ニ改ム
同内閣総理大臣万歳ヲ称フノ項ノ次ニ左ノ二項ヲ加フ
次ニ侍従二人分進高御座ノ東西両階ヨリ壇上ニ昇リ御帳ヲ垂ル訖テ座ニ復ス
次ニ女官二人分進御帳台ノ東西両階ヨリ壇上ニ昇リ御帳ヲ垂ル訖テ座ニ復ス
同神宮皇霊殿神殿並官国幣社ニ勅使発遣ノ儀但書中「祭文」ヲ「御祭文」ニ改ム
同大嘗祭当日賢所大御饌供進ノ儀著床ノ項但書中末尾ノ分注ヲ左ノ如ク改ム

式部職掌典部楽部職員中高等官ハ束帯、其ノ他ハ衣冠単

同大嘗宮ノ儀装飾ノ項ヲ左ノ如ク改ム

当日早旦大嘗宮ヲ装飾ス

其ノ儀悠紀主基両殿ニ葦簾並布幌ヲ懸ケ南北両面神門外掖ニ神楯左右各一枚神桙左右各二竿ヲ樹ツ

同朝集所参集ノ項但書中「袿袴ヲ以テ大礼服ニ代フ」ヲ「袿袴又ハ大礼服トス」ニ改ム

同威儀ノ本位ニ就クノ項但書分注中「(縫腋)」ヲ「(闕腋纔著)」ニ、「(纔著)」ヲ「、半臂、」ニ、「前列者ハ黒袍 後列者ハ緋袍」ヲ「前列者ハ黒袍、平胡籙、 後列者ハ緋袍、壺胡籙」に改ム

同神座奉安ノ項分注中「楽官」ノ下ニ「ノ服装」ヲ加フ

同悠紀殿供饌ノ儀御笏ヲ供スノ項分注中「帯剣」ノ下ニ「(侍従長及御前侍従ヲ除ク)」ヲ加フ

同御服ヲ供スノ項中「御服」ノ下ニ左ノ分注ヲ加フ

即位礼当日賢所大前ノ儀ニ同シ

同神饌調理ノ項中「楽官 奉仕」ノ下ニ「稲舂ヲ行ヒ 女官(白色帛画衣、唐衣、紅切袴、青摺褌、日蔭絲並心葉ヲ著ク)奉仕」ヲ加フ

同皇太子親王王本殿参進ノ項ヲ削ル

同神饌行立ノ項「陪膳女官」ノ下分注中「五衣、唐衣、裳、小忌衣ヲ加ヘ」ヲ「白色帛画衣、唐衣、紅切袴、青摺褌、」ニ改メ「御巾子筥ヲ執ル女官」ノ下分注ヲ左ノ如ク改ム

服装同上、以下皆同シ

同天皇内陣ノ御座着御ノ項中「皇太子親王王」及分注ヲ削ル

同即位礼及大嘗祭後大饗第一日ノ儀朝集所参集ノ項但書ヲ左ノ如ク改ム

　但シ服装男子ハ大礼服（白下衣袴）正装服制ナキ者ハ通常礼服女子ハ中礼服（袿袴ヲ以テ之ニ代フルコトヲ得）関係諸員亦同シ

同諸員参進本位ニ就クノ項中「参進」ノ下分注ヲ削ル

同皇后出御ノ項中分注ヲ左ノ如ク改ム

　御中礼服

同末項但書中「範囲」ノ下ニ「服装」ヲ加フ

同即位礼及大嘗祭後大饗第二日ノ儀朝集所参集ノ項以下三項ヲ左ノ如ク改ム

当日何時文武高官有爵者優遇者並夫人及外国交際官並夫人朝集所ニ参集ス

　但シ服装大饗第一日ノ儀ニ同シ

同天皇皇后出御ノ項中「皇后」ノ下分注ヲ左ノ如ク改ム

　御中礼服

同即位礼及大嘗祭後大饗夜宴ノ儀朝集所参集ノ項中「二条離宮内ノ」ヲ削ル

同即位礼及大嘗祭後神宮ニ親謁ノ儀天皇御下乗ノ項分注中「、以下天皇供奉員ノ服装ニ付キ別ニ分注ヲ施サヽルモノハ皆本儀ニ同シ」ヲ削ル

同皇后御下乗ノ項分注中「、以下皇后供奉員ノ服装ニ付キ衣冠単、別ニ分注ヲ施サヽルモノハ皆本儀ニ同シ」ヲ削ル

同即位礼及大嘗祭後神武天皇山陵並前帝四代山陵ニ親謁ノ儀皇后出御ノ項中分注ヲ削ル

同各退下ノ項ノ次ニ左ノ注意書ヲ加フ

（注意）天皇皇后ノ御服及供奉員ノ服装ハ時ニ臨ミ之ヲ定ム

同還幸後皇霊殿神殿ニ親謁ノ儀著床ノ項但書ヲ左ノ如ク改ム

但シ服装京都ニ行幸ノ儀ニ於ケル賢所著床ノ時ノ如シ

同天皇出御ノ項中「御剣」ヲ「剣璽」ニ改メ末尾ニ左ノ分注ヲ加フ

衣冠単、但シ侍従武官長、侍従武官ハ正装

同皇后出御ノ項ノ末尾ニ左ノ分注ヲ加フ

男子ハ衣冠単、女子ハ袿袴

同天皇著御ノ項中「御剣」ヲ「剣璽」ニ、「簀子」ヲ「外陣」ニ改ム

附　則

本令ハ公布ノ日ヨリ之ヲ施行ス

※国立国会図書館デジタルコレクション官報号外昭和二年十二月三十日を基に作成

（復刻版附録）

今上陛下、昭和天皇、大正天皇の践祚の式、即位礼及び大嘗祭の式

各儀式の名称中、昭和天皇・大正天皇の践祚の式、即位礼及び大嘗祭の式に関するゴシック表記の儀式は登極令附式に定めのあるもの及び重要な事項。今上陛下の践祚の式、即位礼及び大嘗祭の式については登極令附式に準じたもの及び重要なものをゴシック表記としてゐる。儀式名の表記は原則として実録・大礼記録・大礼要録等に拠った。

今上陛下践祚の式等

一月七日　先帝崩御　午前六時三十三分
同　日　臨時閣議　午前八時二十二分
同　日　**賢所の儀**　午前十時
同　日　**皇霊殿・神殿に奉告の儀**
同　日　**剣璽等承継の儀**　午前十時
同　日　元号を改める政令公布（八日施行）
一月八日　**賢所の儀**
一月九日　**賢所の儀**
同　日　**即位後朝見の儀**

昭和天皇践祚の式等

十二月二十五日　先帝崩御　午前一時二十五分
同　日　**賢所ノ儀**　午前三時十五分
同　日　**皇霊殿神殿ニ奉告ノ儀**
同　日　**剣璽渡御ノ儀**　午前三時十五分
同　日　緊急閣議　午前三時三十分
同　日　枢密院で元号建定の審査委員会
　　　　午前六時四十五分
同　日　枢密院本会議　午前九時十五分
同　日　閣議
同　日　元号建定の件上奏　午前九時四十五分
同　日　詔書に御署名　午前十時二十分
同　日　改元の詔書（即日公布・即日改元）
十二月二十六日　**賢所ノ儀**（第二日）
十二月二十七日　**賢所ノ儀**（第三日）
十二月二十八日　**践祚後朝見ノ儀**

大正天皇践祚の式等

七　月三十日　先帝崩御（公表）　午前零時四十三分
同　日　**賢所ノ儀**　午前一時
同　日　**皇霊殿神殿ニ奉告ノ儀**
同　日　**剣璽渡御ノ儀**　午前一時
同　日　枢密顧問に元号について諮詢
同　日　改元の詔書（即日公布・即日改元）
七　月三十一日　**賢所第二日ノ儀**
（二日の儀・三日の儀は御告文なし）
同　日　**践祚後朝見ノ儀**　午前十時
八　月　一　日　**賢所第三日ノ儀**

戦前の大正天皇・昭和天皇の即位の大礼は、登極令に則り京都で斎行された。その最初である大正天皇の大礼では、大正三年に宮中三殿や山陵などに斎行期日を奉告し、悠紀・主基両国の斎田点定がおこなはれたものの、昭憲皇太后の崩御に伴って延期されることとなった。

諒闇明けの翌四年に、新たな斎行期日を改めて三殿や山陵に奉告してゐる。斎田については、前年に点定のあった地が存置された。

また即位礼・大嘗祭にあたり、貞明皇后には当時、のちの三笠宮殿下を御懐妊されてゐたため東京に留まられ、大礼諸儀に際し御遥拝される形となった。

今上陛下の御即位は戦後、日本国憲法下において初めて執りおこなはれた。この時は「践祚」が「即位」の語に統一されたことや、儀式・行事が「国事行為」「公的行事」に区別とされたこと、斎田公表が遅く「斎田田植式」に始まる一連の神事が公式には斎行されないままになったこと、全国十六の勅祭社に幣帛料の御下賜はあったものの旧官国幣社への奉幣がなかったことなどの諸課題はあったが、概ね登極令に準拠して実現した。

（「神社新報」平成三十年一月一日付より）

今上陛下即位礼及大嘗祭の式等

	月日	事項
元年	6月29日	即位の礼検討委員会設置
	同日	大礼検討委員会設置
	9月26日	即位の礼準備委員会設置
	同日	大礼準備委員会設置
	1月7日	昭和天皇一周年祭の儀
	1月8日	即位の礼委員会設置
	同日	大礼委員会設置
	1月23日	即位礼・大嘗宮の儀等期日告示
	同日	賢所に期日奉告の儀
	同日	皇霊殿神殿に期日奉告の儀
	同日	神宮神武天皇山陵及び前四代の天皇山陵に勅使発遣の儀
	1月25日	神宮に奉幣の儀
	同日	神武天皇山陵及び前四代の天皇山陵に奉幣の儀
	2月8日	斎田点定の儀
	8月2日	大嘗宮地鎮祭
	9月27日	悠紀斎田抜穂の儀の期日公示
	同日	斎田抜穂前一日大祓（悠紀）
	9月28日	悠紀斎田抜穂の儀
	10月9日	主基斎田抜穂の儀の期日公示
	同日	斎田抜穂前一日大祓（主基）
	10月10日	主基斎田抜穂の儀
	10月25日	悠紀主基両地方新穀供納

昭和天皇即位礼及大嘗祭の式等

	月日	事項
昭和2年	3月3日	十一月三日を明治節と定められる
	6月20日	大礼準備委員会設置
	10月15日	皇室祭祀令改正
	12月25日	大正天皇一周年祭
	12月30日	登極令改正
	12月30日	大礼使官制公布
	1月12日	諸儀期日の件を御裁可
	1月17日	賢所ニ期日奉告ノ儀
	同日	皇霊殿神殿ニ期日奉告ノ儀
	同日	神宮神武天皇山陵並前帝四代ノ天皇山陵ニ勅使発遣ノ儀
	1月19日	神宮ニ奉幣ノ儀
	同日	神武天皇山陵並前帝四代ノ山陵ニ奉幣ノ儀
	2月5日	斎田点定ノ儀
	6月24日	名古屋離宮賢所仮殿地鎮祭ノ儀
	8月5日	大嘗宮地鎮祭ノ儀
	8月19日	斎田斎場地鎮祭ノ儀（悠紀主基）
	9月15日	斎田抜穂前一日大祓ノ儀（悠紀）
	9月16日	悠紀斎田抜穂ノ儀
	9月20日	斎田抜穂前一日大祓ノ儀（主基）
	9月21日	主基斎田抜穂ノ儀
	10月16日	悠紀地方新穀供納式
	10月17日	主基地方新穀供納式

大正天皇即位礼及大嘗祭の式等

	月日	事項
2年	1月14日	大礼準備委員長・委員を任命
	7月30日	明治天皇一周年祭
	11月21日	大礼使官制を裁可・公布
大正3年	1月17日	賢所ニ期日奉告ノ儀
	同日	皇霊殿神殿ニ期日奉告ノ儀
	同日	神宮神武天皇山陵並ニ前帝四代ノ天皇山陵ニ勅使発遣ノ儀
	1月19日	神宮ニ奉幣ノ儀
	同日	神武天皇山陵並ニ前帝四代ノ山陵ニ奉幣ノ儀
	2月5日	斎田点定ノ儀
	4月11日	皇太后崩御
	同日	大喪により大礼使官制を廃止
	同日	諒闇中のため勅定ノ期日ニ於テハ之ヲ行ハセラレザル旨を発表
	4月15日	勅定ノ期日ニ於テハ之ヲ行ハセラレザル旨を賢所・皇霊殿・神殿に奉告
	4月17日	勅定ノ期日ニ於テハ之ヲ行ハセラレザル旨を神宮、神武天皇・明治天皇両山陵、孝明天皇・仁孝天皇・光格天皇各山陵に奉告
	同日	斎田は其ノ儘存置セラルル旨御沙汰
	9月21日	大礼準備委員会規則を定める
	4月11日	昭憲皇太后一周年祭
	4月12日	大礼使官制を裁可・公布
	4月19日	即位ノ礼・大嘗祭の期日告示
	同日	賢所ニ期日奉告ノ儀
	同日	皇霊殿神殿ニ期日奉告ノ儀
	同日	神宮神武天皇山陵並ニ前帝四代ノ山陵ニ勅使発遣ノ儀
	4月21日	神宮ニ奉幣ノ儀
	同日	神武天皇山陵並ニ前帝四代ノ山陵ニ奉幣ノ儀
		（斎田点定 3年4月17日条参照）
	8月11日	大嘗宮地鎮祭
	8月13日	名古屋離宮賢所仮殿地鎮祭
	8月15日	斎田斎場地鎮祭（悠紀主基）
	9月17日	主基斎田抜穂前一日大祓ノ式
	9月18日	主基斎田抜穂ノ儀
	9月19日	悠紀斎田抜穂前一日大祓ノ式
	9月20日	悠紀斎田抜穂ノ儀
	10月10日	皇后御著帯ノ儀（京都へ行啓されず）
	10月16日	悠紀地方新穀供納式
	10月17日	主基地方新穀供納式

大正天皇即位礼及大嘗祭の式等

平成2年（3年）		昭和3年		大正4年	
		11月6日	京都ニ行幸ノ儀（7日御著）	11月6日	京都ニ行幸ノ儀（7日御著）
		11月7日	賢所春興殿ニ渡御ノ儀	11月7日	賢所春興殿ニ渡御ノ儀
11月12日	即位礼当日賢所大前の儀	11月10日	即位礼当日皇霊殿神殿ニ奉告ノ儀	11月10日	即位礼当日賢所大前ノ儀
同日	即位礼当日皇霊殿神殿に奉告の儀	同日	即位礼当日賢所大前ノ儀	同日	即位礼当日皇霊殿神殿ニ奉告ノ儀
同日	即位礼正殿の儀	同日	即位礼当日紫宸殿ノ儀	同日	即位礼当日紫宸殿ノ儀
		11月11日	即位礼後一日賢所御神楽ノ儀	11月11日	即位礼後一日賢所御神楽ノ儀
同日	祝賀御列の儀				
12－15日	饗宴の儀				
11月13日	園遊会				
11月16日	神宮に勅使発遣の儀	11月12日	神宮皇霊殿神殿並官国幣社ニ勅使発遣ノ儀	11月12日	神宮皇霊殿神殿並ニ官国幣社ニ勅使発遣ノ儀
同日	勅祭社16社に幣帛料御下賜				
11月18日	即位礼一般参賀				
11月20日	大嘗祭前二日御禊	同日	大嘗祭前二日御禊ノ儀	同日	大嘗祭前二日御禊ノ儀
同日	大嘗祭前二日大祓	同日	大嘗祭前二日大祓ノ儀	同日	大嘗祭前二日大祓ノ儀
11月21日	大嘗祭前一日大嘗宮鎮祭	11月13日	大嘗祭前一日大嘗宮鎮祭ノ儀	11月13日	大嘗祭前一日大嘗宮鎮祭ノ儀
同日	大嘗祭前一日鎮魂の儀	同日	大嘗祭前一日鎮魂ノ儀	同日	大嘗祭前一日鎮魂ノ儀
11月22日	大嘗祭当日神宮に奉幣の儀	11月14日	大嘗祭当日神宮ニ奉幣ノ儀	11月14日	大嘗祭当日神宮ニ奉幣ノ儀
同日	大嘗祭当日賢所大御饌供進の儀	同日	大嘗祭当日皇霊殿神殿ニ奉幣ノ儀	同日	大嘗祭当日皇霊殿神殿ニ奉幣ノ儀
同日	大嘗祭当日皇霊殿神殿に奉告の儀	同日	大嘗祭当日賢所大御饌供進ノ儀	同日	大嘗祭当日賢所大御饌供進ノ儀
同日	大嘗宮の儀	同日	大嘗宮ノ儀	同日	大嘗宮ノ儀
同日	悠紀殿供饌の儀	同日	悠紀殿供饌ノ儀	同日	悠紀殿供饌ノ儀
11月23日	主基殿供饌の儀	11月15日	主基殿供饌ノ儀	11月15日	主基殿供饌ノ儀
11月24日	大嘗祭後一日大嘗宮鎮祭	11月16日	大嘗祭後一日大嘗宮鎮祭ノ儀	11月16日	大嘗祭後一日大嘗宮鎮祭ノ儀
同日	大饗の儀	同日	即位礼及大嘗祭後大饗第一日ノ儀	同日	即位礼及大嘗祭後大饗第一日ノ儀
同日	大饗の儀	11月17日	即位礼及大嘗祭後大饗第二日ノ儀	11月17日	即位礼及大嘗祭後大饗第二日ノ儀
11月25日	大饗の儀	同日	即位礼及大嘗祭後大饗夜宴ノ儀	同日	即位礼及大嘗祭後大饗夜宴ノ儀
	即位礼及び大嘗祭後神宮に親謁の儀		即位礼及大嘗祭後神宮ニ親謁ノ儀		即位礼及大嘗祭後神宮ニ親謁ノ儀
11月27日	豊受大神宮に親謁の儀	11月20日	豊受大神宮	11月20日	豊受大神宮
11月28日	皇大神宮に親謁の儀	11月21日	皇大神宮	11月21日	皇大神宮
	即位礼及び大嘗祭後神武天皇山陵及び前四代の天皇山陵に親謁の儀		即位礼及大嘗祭後神武天皇山陵並前帝四代山陵ニ親謁ノ儀		即位礼及大嘗祭後神武天皇山陵並ニ前帝四代山陵ニ親謁ノ儀
12月2日	神武天皇山陵に親謁の儀	11月23日	神武天皇山陵ニ親謁ノ儀	11月24日	神武天皇山陵ニ親謁ノ儀
同日	孝明天皇山陵に親謁の儀	11月24日	仁孝天皇山陵ニ親謁ノ儀	11月25日	明治天皇山陵ニ親謁ノ儀
12月3日	明治天皇山陵に親謁の儀	同日	孝明天皇山陵ニ親謁ノ儀	11月26日	孝明天皇山陵ニ親謁ノ儀
同日	茶会	11月25日	明治天皇山陵ニ親謁ノ儀	同日	仁孝天皇山陵ニ親謁ノ儀
12月5日	昭和天皇山陵に親謁の儀			同日	光格天皇山陵ニ親謁ノ儀
同日	大正天皇山陵に親謁の儀	11月26日	東京ニ還幸ノ儀（27日御著）	11月27日	東京ニ還幸ノ儀（28日御著）
12月6日	即位礼及び大嘗祭後賢所に親謁の儀	11月27日	賢所温明殿ニ還御ノ儀	11月28日	賢所温明殿ニ還御ノ儀
		11月28日	東京還幸後賢所御神楽ノ儀	11月29日	東京還幸後賢所御神楽ノ儀
		11月29日	大正天皇山陵ニ親謁ノ儀		
同日	即位礼及び大嘗祭後皇霊殿神殿に親謁の儀	11月30日	還幸後皇霊殿神殿ニ親謁ノ儀	11月30日	還幸後皇霊殿神殿ニ親謁ノ儀
同日	即位礼及び大嘗祭後賢所御神楽の儀	12月7日	宮中饗宴	12月2日	第四皇男子（崇仁親王）誕生
		12月8日	宮中饗宴	12月7日	宮中晩餐並ニ夜宴ノ儀
		12月10日	宮中饗宴	12月8日	宮中晩餐並ニ夜宴ノ儀
		12月11日	宮中饗宴		
3年 2月14日	大嘗祭後大嘗宮地鎮祭	7月16日	大嘗祭後大嘗宮地鎮祭ノ儀		大嘗祭後大嘗宮地鎮祭ノ儀

昭和の御大典　紫宸殿の儀

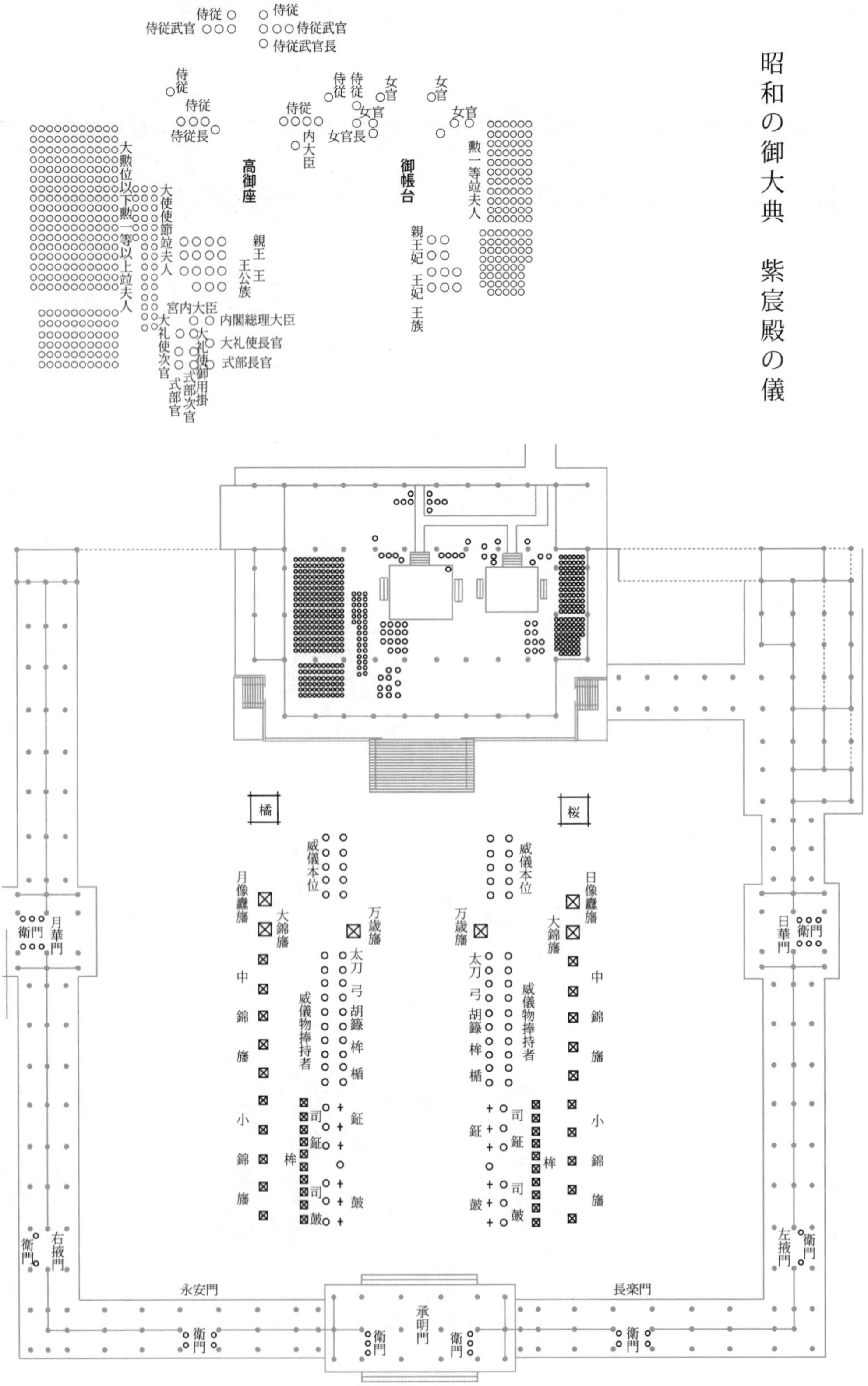

（『昭和大礼要録』掲載図を基に作成）

昭和の御大典　大嘗宮平面図

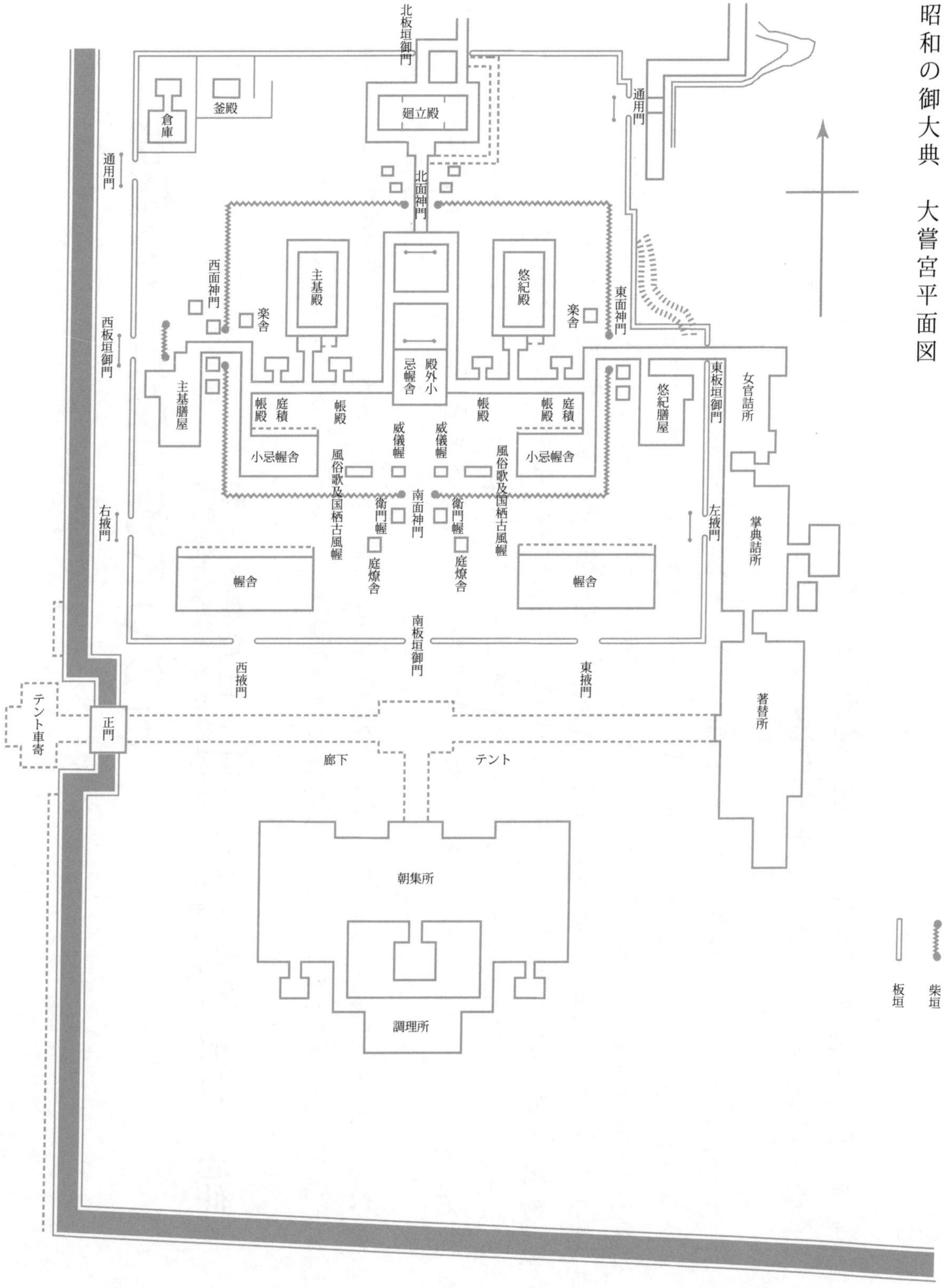

（『昭和大礼要録』掲載図を基に神社新報編輯部で作成）

登極令と賀茂百樹について

國學院大學研究開発推進センター共同研究員
静岡・秋葉山本宮秋葉神社禰宜　河村　忠伸

『登極令大要』については、平成元年に所功によって解題付きで翻刻され、著者の賀茂百樹の経歴、思想については藤田大誠により精緻な考証がなされてゐる。そこで、本稿では先行研究をもとに、今日において賀茂百樹『登極令大要』を公刊する意義を考察したい。

まづ大日本帝国における法令は、国務法と宮務法の二系統に大別される。国務法とは大日本国憲法の下の法令であり、宮務法は憲法外の法令であって、その制定・改定に帝国議会の協賛を必要としない。帝国議会の協賛を要しない理由は、宮務法が皇室大権による規則・規程であるからである。戦前期における天皇の大権は、憲法に規定される大権である国務大権と統帥大権、栄典授与ノ大権、憲法外の大権である皇室大権と祭祀大権に大別されると憲法学では考へられてゐた。皇室大権とは皇位継承など皇室の家長としての大権であり、祭祀大権とは祭祀に関する慣習上の大権である。皇位継承や皇族の身分、結婚など皇室の御事、祭祀に関する事項は、その性質上、また朝廷の歴史から、世俗権力の干渉を許すのは好ましくなく、憲法外に置いたのである。国務法と宮務法、宮中と府中（政府）を峻別するのは、宮中を政争からお守りするための、先人の智恵に外ならない。

本書で解説する「登極令」は、明治四十二年二月十一日に公布された皇室令第一号であり、当然のことながら宮務法の一つである。皇室令とは、明治二十二年二月十一日「皇室典範」に基づく規則で、その形式は明治四十年二月一日勅令第六号

「公式令」第五条に規定されてゐる。「登極令」は、皇位継承に伴ふ践祚・改元・即位礼・大嘗祭について規定したもので、全十八条、儀式の詳細を記した「附式」が付く。なほ、「附式」は昭和二年十二月に修正されてゐる（皇室令第一七号）。皇室令は明治四十年二月二十八日皇室令第一号「皇族会議令」を嚆矢とし、「登極令」は枢密顧問の諮詢を経て十九番目に制定されてゐる。その複雑な制定過程については所功が詳細に検討してゐるが、同日付で「摂政令」、「立儲令」、「皇室成年式令」が制定されてゐることが端的に示すやうに、皇位継承に関はる重要案件として慎重かつ周密な考究の末、裁可、公布に至った、わが国にとって極めて重要な皇室令であることは疑ひやうがない。

しかしながら、その全容を註釈した書としては、多田好問の『登極令義解』（大正三年二月草稿）、上杉慎吉「登極令謹解」（『法学協会雑誌』第三三巻第一一号、大正四年）及び本書の僅か三点に過ぎないことは、先行研究の指摘する通りである。「登極」に関する事項が、十八条に簡明にまとめられてをり、解釈上の疑義を生じる余地がないこと、国民が同令を運用することはなく、世間一般における註釈書の需要に乏しいことが、その理由と推測される。三点のうち、多田の註釈書は、帝室制度調査局御用掛としての経験に基づき編集された稿本で、自身が大礼使事務官を務めるに際して活用されたが、公刊はされてゐない。上杉の論文は、御大典に際し、法学協会の求めに応じて寄稿したものである。これらに比して、賀茂百樹の『登極令大要』は一般向けの講演をおこなひ、その内容を編集し公刊したものであって、広く一般に「登極令」の趣旨を教化せんといふ意志を有するといふ点において、他二書と趣を異にする。

一般人に向けて「登極令」を解説しようとした意図を知るために、藤田大誠の先行研究に拠り、賀茂百樹の経歴を見ていきたい。賀茂は、明治四十二年三月二十九日から昭和十三年四月二十一日に至る約三十年間にわたって靖國神社宮司を務めた他、神社界の要職を歴任した戦前期の指導的神道人の一人である。それにも拘らず、詳細な伝記がなく、異説も広く膾炙されてゐたため、広範な史料を蒐集し精緻に分析した藤田の研究が彼の人物像解明に果たした功績は大きい。賀茂百樹の出身は周防国熊毛郡上関村で、慶応三年十月十三日に白井田八幡宮の社家である藤井厚鞆の三男として生まれる。兄の藤井稜威は、近藤芳樹や野村真幸に学び、神宮教会第十五教区（広島）本部長を務め、広島國學院、国風新聞社を開設した人物であり、藤井家の好学の風が窺ひ知れる。ちなみに稜威の妻が賀屋鎌子である。百樹も御巫清直、井上頼圀、栗田寛ら当代一流の碩学に学び、後年の思想的・学問的基礎を培ふ。明治二十二年に神宮教に奉職した後は、同大講義、広島國學院助教並びに幹事、神宮教広島本部長、神宮奉斎会理事、皇典講究所幹事、全国神職会顧問を歴任。三十八年に神宮奉斎会・皇典講究所を辞して広島に帰り、山口國學院顧問に就く。この間、山口県熊毛郡鎮座の高松八幡宮と蒲井八幡宮、広島県賀茂郡西條町鎮座の御建神社、同郡吉土実村鎮座の正徳神社に社掌として奉仕する。明治四十二年に社掌を依願退職し、別格官幣社靖國神社に宮司として赴任。『靖國神社事歴大要』に示された通り、宮司として御祭神に対する確固な信念を有し、全国各地の招魂社創建に陰ながら尽力した。彼の「護國の神」観については、藤田、坂井久能の研究に詳しい。宮司として祭祀を厳修するだけではなく、全国神職会幹事、神社調査会や神社制度調査会の委員等として斯道全体の発展に尽力した。昭和十六年五月四日に七十五歳で帰幽。

百樹が「賀茂」姓を名乗るのは、真淵の「世継」となったことによる。丸山作楽、井上頼圀、本居豊穎、平田盛胤らの仲介で、明治二十七年に真淵の後裔である岡部清子（喜代子）の養子となる。さうすると岡部百樹になるはずであるが、真淵に対する贈位の位記文が「賀茂」であったことを畏んで、明治二十九年に岡部姓を賀茂姓に改めた。巷間、靖國神社二代目宮司で、遠江の社家出身であった賀茂水穂の養子となったとする説もあるが、賀茂水穂は浜名郡雄踏の金山神社祠官の家系で、真淵は敷智郡浜松庄伊庭村の賀茂神社の岡部家であるから、同じ「賀茂」でも水穂の養子ではない。「中今」思想を掲げる百樹であるから、縣居の精神の振興をも志したであらうことは想像に難くなく、「吾大人のみたまたまはり真心を極め尽さな家の名たゝす」との和歌が残る。実際、賀茂百樹は現任神職として、多数の著述を残してをり、『日本語源』（上・下巻、昭和十四・十五年）は国語学研究として高い評価を受けてゐる。さうした学識は彼の敬神思想の骨骼を形成し、神明奉仕に活かされてゐる。例へば、彼は祭祀には「ホサギ（祝）」、「イハヒ（齋）」、「イノリ（祈）」の三つが必ず伴ふものと主張するが、「ホサギ」は「大からしめんとする希望の言」であり、「イハヒ」は「忌」、「イノリ」は「希望を告ること」であると、それぞれ古語の語意を踏まへて自らの祭祀論を展開する様は国学者の面目躍如の感がある（『私の安心立命』）。

彼の神道思想の中核は「中今亭」の号にも示された通り、「中今」である。そして、「中今」とは、今生きるその瞬間を讃美する意味ではなく、「中今とは過去ありて過去を離れず将来ありて将来を離れず、その中間に存する今の義である」といふ連続性を重んじる思想である。この精神に基づけば、我々はすべて「修理固成」の神勅を先祖より受け継ぎ、各自の生活において実践し、後裔に伝へていく存在である。国家にとって個人は一細胞であり、百川が大海に集まるやうに「国民の心国民の行ひ一切の功も罪も天皇に帰してその反映が大御世に表はれる」といふのが、彼の国家、国体（クニガラ）論である。靖國神社宮司である彼にとって、戦歿殉難の将士は「天皇に帰一し奉る鋼鉄の如き信念」の実践者に外ならず、それゆゑに「護國の神」として国家の祭祀の対象たりえるのであって、彼は大嘗祭において天皇の饗応に与る天神地祇に護国の英霊も含まれるとの解釈を示してゐる。賀茂百樹が通俗的な講演、註釈書の公刊をおこなったのも、天皇に帰一し奉るといふ信念に立脚し、皇位継承に関する諸儀式、及びその根拠法令たる登極令は、全日本国民にとっての重大事項であることを宣布せんがためであったことは、国立国会図書館所蔵本の序文に「登極の大典は、建国の大本を原ねて行はせられ。これに由りて国家の元首立ち、これに由りて国家の中心定まる所以のものなれば、周ねくこれを国民に知得せしむる要ありと」と明記されてゐる。

天皇陛下の「おことば」以降、御譲位並びに御大典の御事に対する国民の関心が昂り、それに応じて学術研究も進展してゐる。また「登極令」は昭和二十二年五月二日皇室令第十二号「皇室令及附属法令廃止ノ件」によって廃止され、今日、それに代はる法令は存在しないが、先の御大典に際しては多くの国民が伝統に則った儀式の実施を要望した。これは、賀茂百樹の述べる「クニガラ」が不識不知のうちに、日本人の精神基盤となってゐるからと拝察する。しかし、先の御大典は多くの国民、世界各国より奉祝する御盛儀であったが、「登極令」の忠実な実施とはいひがたい点もある。さうした議論の一つとして、大嘗祭を現行憲法に規定される「国事行為」とすべしとの意見も存在するが、それは本来、世俗権力から独立してきた、皇室大権、祭祀大権を内閣の助言と承認を必要とする事項、すなはち憲法下に置くといふことでもあって、慎重に議論せねばならない。さうした意味において今日、明治天皇が裁可された「登極令」にこめられた御聖旨、戦前期における宮中・府中の別の制の意義、そして何よりも日本人にとって、天皇とは如何なる御存在か、国家とは何かについて、全ての国民が深く考究する必要がある。その上で、神祇信仰に基づき、古典に通暁し、確固たる天皇観、国家観を有した気骨の神道人である賀茂百樹の「登極令」解釈は大いに参考となるものであると思料する。

『登極令大要』には二種類の刊本があり、その異同は所功の『近代大礼関係の基本史料集成』に精しい。同書には精緻な論考、『登極令大要』を含む広範な史料が収録されてをり、御大礼を研究する上で必携の書である。しかしながら、賀茂百樹の目的は広く一般国民に「登極令」を解説し、それを通じて国体の本義を覚知せしめるところにある。その趣旨に鑑みれば『登極令大要』のみにて発刊し、世に普及せしめることは著者の遺志に適ひ、大道宣布の観点から見て極めて有益なことであると確信する。

【参考文献】

所功「賀茂百樹講義『登極令大要』の紹介」(『京都産業大学世界問題研究所紀要』第九巻所収、京都産業大学世界問題研究所、平成元年)

所功『「登極令」の成立過程』(『産大法学』第二三巻第三・四合併号、平成元年)

藤田大誠「国家神道と靖國神社に関する一考察—神社行政統一の挫折と賀茂百樹の言説をめぐって—」(『國學院大學研究開発推進センター研究紀要』第一号所収、平成十九年)

坂井久能「護國神社と賀茂百樹」(『明治聖徳記念学会紀要』復刊第五一号、明治聖徳記念学会、平成二十六年)

美濃部達吉『憲法撮要』(有斐閣、昭和七年)

所功『近代大礼関係の基本史料集成』(国書刊行会、平成三十年)

復刻版あとがき

本書の作成は昨年暮に始めたものだが、当初から刊行を企図したものではなかった。平成二十八年の「おことば」以来、皇室を戴く国柄について何をどう理解するか、編輯部ではこれまで以上に考へながら毎週の紙面作成を重ね、折に触れて神社新報論説主幹で國學院大學教授の阪本是丸先生からさまざまなお話を伺ふ機会を得たが、そのなかで心に留ったのが賀茂百樹著『通俗講義登極令大要』だった。同著の性格は緒言にも明らかな通り「御令の大要を敷衍する」ところにあり、これはさまざまな制度・儀式等を考へる上で、まづは押さへておくべきところとの思ひから、今後の資料にもなればと折をみて本文の打ち込みを始めたのがそもそものきっかけとなった。やがて勉強会の資料にもなればと思ふやうになり、全国の神職方の見やすいやうにもなれば、との思ひも御助言もあってここに刊行の運びとなったものである。振り返って考へてみれば、ここまで進めてこられたのは、偏に賀茂大人の「此の国家樹立の大本を知らしめ、此の卓越せる国家の尊厳を、欽仰せしめんとする微意」との思ひゆゑのことゝの感慨を深めてゐる。

かういった経緯もあり、本書の復刻に関しては主に神社新報編輯部の大中がその作業にあたってきた。刊行に際しては校正等にも力を尽くしたつもりではあるが、不十分なところは少なくないと思ってゐる。読者諸賢より御意見・御批正を賜れれば幸甚である。なほ本書刊行にあたっては、監修の藤田大誠氏、解題執筆者の河村忠伸氏をはじめ、國學院大學や神社本庁の関係者など多くの方々から御協力・御助言をいただいた。わけても阪本先生から御本をお借りできるといふことがなければ刊行といふ話もなかったであらうと考へてゐる。ここに関係御各位に衷心より御礼を申し上げる次第である。

本書の復刻により登極令への理解が深まり、延いては「祖先崇敬の道を全うせんことを期す」基ともなれば望外の幸ひである。

平成三十年十一月吉日

編輯担当者を代表して　大中陽輔

索引

【復刻版主要参考文献】

『通俗講義　登極令大要』賀茂百樹（陸軍省構内小林出張所、大正元年）
『通俗講義　登極令大要』賀茂百樹（会通社、大正元年発行、大正二年再版）
『旧典類纂　皇位継承篇』元老院蔵（松成堂、明治十一年刊行、大正六年写真転印・発行）
『皇室の制度典礼』植木直一郎（小林又七本店、大正三年）
『大礼記録』大礼記録編纂委員会、内閣書記官室記録課（清水書店、大正八年）
『昭和大礼要録(抄)』内閣　大礼記録編纂委員会（内閣印刷局、昭和六年、同年再版）
『皇室制度講話』酒巻芳男（岩波書店、昭和九年）
『国体明徴国民読本』日本弘道会有志青年部（文英社、昭和十一年）
『訳註大日本史』栁原義光・渡邊良三監修、川﨑三郎訳註（建国記念事業協会・彰考舎、昭和十三年初版発行、昭和十三年第三版）
『増補皇室事典』井原頼明（冨山房、昭和十三年発行、昭和五十四年増補版再版、同年第二刷）
『皇室の儀制と敬語』野尻一郎（新光閣、昭和十七年）
『日本書紀上』日本古典文学大系六十七（岩波書店、昭和四十二年第一刷、昭和五十三年第十三刷）
『明治天皇詔勅謹解』明治神宮（講談社、昭和四十八年）
『帝室制度史　第三巻』日本學士院（吉川弘文館、昭和五十四年〈ヘラルド社、昭和十四年〉）
『御即位大嘗祭　大礼要話　全　復刻』関根正直（神社新報社、昭和六十一年〈六合館、昭和三年発行、同年第六版〉）
『訳注日本史料　延喜式　上』虎尾俊哉編（集英社、平成十二年）
『即位礼大嘗祭　平成大礼要話』鎌田純一（錦正社、平成十五年第一刷、平成二十三年第二刷）
『訓讀註釋　儀式　践祚大嘗祭儀』皇學館大学神道研究所（同朋舎、平成二十四年）
『宮内庁要覧』宮内庁（平成二十八年版）

監修者

藤田　大誠（ふぢた・ひろまさ）

昭和四十九年、富山県生れ、大阪府育ち。國學院大學法学部法律学科卒業、國學院大學大学院文学研究科神道学専攻博士課程後期修了、博士（神道学　國學院大學）。神社新報社嘱託、國學院大學研究開発推進機構助教を経て國學院大學人間開発学部健康体育学科教授。専門分野は近代神道史、国学、日本教育史、体育史。主な著書に『近代国学の研究』（弘文堂、平成十九年）、藤田大誠・青井哲人・畔上直樹・今泉宜子編『明治神宮以前・以後―近代神社をめぐる環境形成の構造転換―』（鹿島出版会、平成二十七年）、『大阪国学院史―創立百三十五年・通信教育部四十年―』（一般財団法人大阪国学院、平成二十九年）。

解題筆者

河村　忠伸（かはむら・ただのぶ）

昭和五十六年、神奈川県高座郡寒川町生れ、静岡県浜松市（旧周智郡）春野町育ち。関西学院大学法学部政治学科卒業、國學院大學大学院文学研究科神道学専攻博士課程前期修了。石清水八幡宮、神社本庁を経て平成二十六年より秋葉山本宮秋葉神社権禰宜、並びに國學院大學研究開発推進機構研究開発推進センター共同研究員。専門分野は近現代神道史、秋葉信仰。主な著書に阪本是丸編『国家神道再考―祭政一致国家の形成と展開―』（弘文堂、平成十八年、共著）、『近現代神道の法制的研究』（弘文堂、平成二十九年）。

平成三十年十一月三十日　初版発行

復刻　通俗講義登極令大要

定　価　一〇〇〇円＋税
原著者　賀茂百樹
復刻版監修　藤田大誠
発行者　神社新報編輯部
印刷者　日本新聞印刷㈱

発行所　東京都渋谷区代々木一－一－二
神社新報社
電話〇三－三三七九－八二一一